KB205375

잃은 양 찾아서

이 책을

....님께 드립니다

잃은 양 찾아서

저자 손석봉
발행인 지종엽
발행처 비블리아
초판 1쇄 인쇄 2022. 8. 10.
출판신고 제2006-000034호(2006. 6. 13)
주소 서울 강북구 수유동 554-89 B01호
TEL 010-2320-5291
표지디자인 Grace Ji
총판 기독교출판유통 (031)906-9191
ISBN 979-11-978767-1-4

책값은 뒤표지에 있습니다.
잘못 만들어진 책은 바꾸어 드립니다.

잃은 양 찾아서

차 례

제3부 잃은 양을 찾기까지

제4부 잃은 양을 찾다

추천의 글

목사님께서 목회의 깊은 경험을 절절하게 기술한 목회 수기가 이렇게 출간되니 너무 감사한 일이다. 목사님이 경험한 진한 복음의 능력과 하나님의 사랑이 우리에게 전해지고 있다. 한 영혼이 얼마나 귀한 것이며 그것을 다시 회복하고 찾기 위한 노력이 얼마나 지난한 것인지를 이 글을 통하여 전해주고 있다. 10년 이상의 목회 기간 중 아무도 돌보지 않을 수 있는 그런 곳이 오히려 하나님이 허락하신 기회의 땅으로 재발견하신 목사님의 사랑과 결단에 깊은 사랑과 존경을 보낸다. 누구든지 참으로 목회가 무엇이고 하나님의 말씀 사역이 갖는 은총이 무엇인지 알고자 하는 목회의 초년생들은 이 글을 통하여 크게 깨닫는 바가 있으리라고 확신하며 반드시 정독할 것을 권고한다. 주님의 은총이 손 목사님과 그 사역 위에 그리고 이 글을 통하여 새로운 비전을 갖게 될 미래의 위대한 목회자들에게 함께 하시기를 간구한다.

2022.7.2.

서울신학대학교 총장 황덕형

추천의 글

이 책 속에 저자가 어린 시절 교회에서 겪은 하나의 에피소드가 마음에 와닿습니다. 주일학교 선생님이 어린 시절의 저자의 도시락을 선생님의 스카프로 싸서 소풍을 갔던 일이 마음에 남아있습니다. 그런데 그 도시락은 김치국물이 흐르고 냄새나고 뒤범벅이 된 도시락이었습니다.

어쩌면 우리가 바로 그 도시락과 같습니다. 김치국물이 흘러서 범벅이 되어있고 냄새가 진동하는 도시락과 같은 우리들을 주님의 보혈과 십자가의 은혜의 스카프로 싸매어 주고 온전케 하시고 우리의 있는 모습 그대로를 받아주시면서 주님과 함께 소풍을 가듯 주님이 이끄시는 자리로 인도하십니다.

완전하신 주님께서 완전하지 않은 우리를 사용하셔서 하나님의 완전하심을 나타내십니다. 우리의 냄새 나는 도시락을 스카프에 싸서 함께 소풍 가는 하나님이십니다. 하나님은 우리의 죄로 말미암아 냄새나고 부끄럽고 숨고 싶을 때도 있는 그대로 받아주시며 우리를 즐거워하시고 온전케 하시는 분이십니다.

이 책이 바로 그런 하나님의 감동을 여러분에게 전해줄 것입니다.

예수전도단(YWAM) 정형섭 목사

들어가는 말

예수님은 간혹 그의 사랑하는 자들을 광야로 인도하십니다(막 1:12-13). 그들을 향한 하나님의 뜻을 이루시기 위함입니다. 모세도 요셉도 다윗도 바울도 한동안 광야에서 지냈습니다.

광야는 특징이 있습니다. 광야는 외로운 곳입니다. 함께 마음을 나눌 가족과 친구들이 자기에게서 점점 멀어지기 때문입니다. 광야는 고통스러운 곳입니다. 생존을 위한 필수요소에 결핍이 생깁니다. 그렇기에 쉽게 지치고 무기력해집니다. 그렇다고 뾰족한 수가 없습니다. 그냥 견뎌야 합니다.

광야는 위험한 곳입니다. 뱀이나 전갈, 늑대나 이리 등 사람의 생명을 해치는 무서운 들짐승들이 있기 때문입니다. 그뿐 아니라 광야는 하나님에게서 받은 꿈과 비전을 잃기 쉬운 곳이기도 합니다(창39:9).

광야에는 나쁜 것만 있는 것은 아닙니다. 좋은 것도 있습니다. 시끄럽고 복잡한 세상에서는 경험할 수 없는 보배로운 것들이 있습니다. 그중의 하나가 주님의 음성을 쉽게 들을 수 있다는 것입니다(삼상 23:10-12). 누구의 방해도 받지 않고 그분께 집중함으로 그분의 음성을 쉽고 명확하게 들을 수 있는 곳입니다. 광야는 옛 자아를 죽이기에 좋은 곳입니다.

자기 임의대로 할 수 있는 것이 별로 없기 때문입니다(삼상 19:18). 또한 하나님에 의해서 살아가는 법을 배울 수 있는 곳입니다. 모든 상황 가운데서 말씀과 기도로 하나님을 의지하면 그분의 역사를 자주 경험하게 됩니다. 그 체험이 새로운 삶의 방식을 만들어 냅니다(삼상 24:4-7).

하나교회가 있었던 빈민촌 계수동은 광야와 같은 곳이었습니다. 여기서 목회하면서 경험했던 일들을 책으로 출간하게 되었습니다. 성공한 것을 중심으로 썼지만, 실수한 일도 많았습니다. 몇 년 전부터 쓰려고 했으나 마음의 여력도 시간도 없어서 미루고 또 미루다가 이제야 쓰게 되었습니다.

하나교회가 부천시 신앙촌 지역인 계수동에 세워진 것은 2009년 8월입니다. 교회를 개척하라는 주님의 명령을 받은 후, "주님, 어디에 교회를 세워야 합니까?"라고 기도하던 중에 신대원 입학하기 2년 전에 했던 기도가 생각났습니다.

당시에 섬기던 교회와 예수전도단이 협력하여 개최한 중보기도학교 기간 중의 팀원들과 함께 영적으로 견고한 진이라고 불리는 신앙촌 할미산 주변에서 부천 땅에 하나님의 나라와 의가 이루어지기를 합심하여 기도한 일이 있었습니다.

기도를 마치고 신앙촌 천부교 출입구에서 범박동 아파트단지로 내려올 때 "주님, 이 지역에서 하나님 나라와 의를 구하는 교회가 있으면 그곳으로 보내주세요. 마음껏 주님을 찬양하고 경배하며 섬기기를 원합니다." 이 기도를 하는데 뜨거운 눈물이 흐르고 또 흘러내렸습니다. 이 기도가 계기가 되어 범박동과 계수동 지역에서 교회 자리를 알아보던 중에 계수동에 개척하게 되었습니다.

신대원 2학년 여름방학 때 교회를 시작했습니다. 목회 경험이 전무 했습니다. 한 명의 성도도 없었습니다. 성경도 잘 몰랐습니다. 재정도 없었습니다. 가진 것이라곤 주님과 영혼을 향한 사랑 그리고 성령께서 하신 말씀 "교회를 개척하라"는 음성이 전부였습니다.

많은 시련과 아픔, 눈물과 갈등이 있었습니다. 영혼들을 사랑하고 복음을 전함에 있어서 실패도 있었습니다. 그래도 주님은 우리가 회개와 믿음으로 이미 주신 경건의 습관을 따라 한 걸음 한 걸음 나아갈 때, 언제나 인자와 긍휼과 회복과 놀라운 승리로 보답해 주셨습니다.

부천 계수동은 18년 전 인근 범박동이 재개발되면서 함께 개발하려고 했던 지역입니다. 그런데 조합원들의 견해가 서로 충돌하여 개발에서 제외됐습니다. 만약 그때 개발이 이루어졌더라면 우리 하나교회가 그곳에 세워질 일은 없었을 것입니다. 더군다나 계수동에서 만났던 주님의 잃은 양들을 천국으로 인도할 수도 없었을 것입니다.

우리는 계수동에 들어가고 싶지 않았습니다. 하지만 그곳에서 목회를 시작한 것이 도리어 큰 복이 되었습니다. 처음부터 중대형교회에서 사역하거나 도심에서 개척할 수도 있었지만, 복음을 전하기 위해 갈릴리 나사렛처럼, 선한 것이 날 수 없는 땅에서 비천하고 가난하고 병든 사람들과 동고동락하면서 흘린 피와 땀과 눈물은 두고두고 생각해도 무한한 영광이요 기쁨입니다.

빈민촌에서 10년을 보내면서, 주님이 믿는 자들에게 일을 맡기시는 것은 하나님을 알고 닮아가게 하기 위함이요 또한 이 사역이 땅에 있는 모든 믿는 자들이 주님께 드릴 수 있는 가장 값진 선물이라는 것을 알게 되었습니다.

하나교회가 개척할 때부터 지금까지 기도와 헌신과 헌금으로 섬겨주신 모든 분들께 진심으로 감사드립니다. 주님의 크신 인자와 긍휼 그리고 놀라운 은혜와 은총, 평강과 승리가 항상 있기를 축복합니다.

특별히 동역자인 사랑하는 아내에게 감사합니다. 험난한 목회의 여정에서 주님의 사랑으로 아이들의 엄마와 사모로서의 자리를 지켜주었기에 가정과 교회가 세워질 수 있었습니다. 사랑스러운 두 아들에게도 고맙습니다. 어린 나이에 척박한 상황에서 외로움과 배고픔 등 다양한 어려움을 겪었음에도 훌륭하게 잘 자라 주었습니다.

계수동에서 주님께서 행하신 크고 위대한 일들로 인해 주님께 영광을 돌립니다.

이 책이 독자분들의 신앙과 사역에 도전과 유익이 되기를 기도합니다. 처음부터 끝까지 읽으시면 더욱 큰 은혜가 될 줄 믿습니다. 감사합니다.

2022년 7월 15일

손석봉 목사

제1부

잃은 양을 찾으러

Chapter 01

네가 새벽에 기도하지 않았다면 그 딸은 오늘 죽었다

계수동에서 교회 개척 후 어느 날 새벽에 꿈을 꾸었다. 꿈의 내용은 이렇다.

"내가 어둡고 캄캄한 방 안에 있는데 눈앞에 파리들이 윙윙거려서 신경이 쓰였다. 그중에 두 마리가 다른 것들보다 컸다. 손으로 큰 놈 한 마리를 낚아채서 바닥에 내동댕이쳤다."

꿈으로 인해 눈이 저절로 떠졌다. 인상적인 꿈이었다. 꾼 꿈을 되새겨보았다. 무슨 꿈이지? 무언가 신중히 여겨야 할 꿈이라는 느낌이 들었다. 하지만 정확히 무슨 꿈인지 그리고 어떻게 해야 할지 알 수 없었다. 시계를 보니 새벽 3시 30분이었다. 잠을 청하려 했으나 이리 뒤척, 저리 뒤척 잠이 오지 않았다.

"왜, 잠이 안 오지? 무엇을 하며 새벽 시간을 보내나?"

순간, 신학교 다닐 때 교수님의 말씀이 생각났다.

"나는 새벽에 잠이 오지 않으면 성경을 읽거나 기도합니다. 여러분도 그렇게 하세요. 하나님께서 특별히 하실 말씀이 있어 깨우신 것일 수 있으니까요."

잠자고 있는 아내 옆에 조용히 무릎을 꿇었다. 입술을 읊조리며 방언으로 기도했다. 심령 깊은 곳에서 무언가 꽉 막혀있는 느낌이 있었다. 더욱 간절히 기도했다. 신음과 애통함이 올라와 그 상태에서 계속 기도했다. 한참을 기도했다. 어느 시점부터 답답함이 사라지며 평안함이 임했다. 그때 내 입술에서 "주님, 구원해 주셔서 감사합니다. 살려주셔서 감사합니다. 주님, 구원해 주셔서 감사합니다. 살려주셔서 감사합니다."라는 기도가 나왔다. "어? 내가 왜 이런 내용의 기도를 하는 거지?" 뭔가 있다는 생각이 들었다.

기도를 끝낸 시간이 새벽 4시 28분이었다. 내가 왜 파리떼와 관련한 꿈을 꾸고 또 왜 기도가 끝나는 시점에서 "살려주셔서 감사합니다! 구원해 주셔서 감사합니다"라는 고백을 했는지 그 이유를 도무지 모르겠다. 그때 아내 머리맡에 펼쳐져 있는 성경이 내 눈에 들어왔다. 잠자기 전에 읽다가 펼쳐 놓은 곳이 사도행전 23장과 24장이었다. 그중에서 특별히 23장 12절의 첫머리에 "날이 새매"라는 글자가 마음에 와닿았다. 12절 "날이 새매 유대인들이 당을 지어 맹세하되 바울을 죽이기 전에는 먹지도 아니하고 마시지도 아니하겠다 하고"에서 35절까지 읽어 내려갔다.

"이같이 동맹한 자가 사십여 명이더라 대제사장들과 장로들에게 가서 말하되 우리가 바울을 죽이기 전에는 아무것도 먹지 않기로 굳게 맹세하였으니 이제 너희는 그의 사실을 더 자세히 물어보려는 척하면서 공회와 함께 천부장에게 청하여 바울을 너희에게로 데리고 내려오게 하라 우리는 그가 가까이 오기 전에 죽이기로 준비하였노라 하더니.... 이르되 너를 고발하는 사람들이 오거든 네 말을 들으리라 하고 헤롯 궁에 그를 지키라 명하니라"(13-35절)

말씀을 읽은 후, "그러면, 내가 죽을 수도 있다는 말인가?" 라는 생각이 들면서 긴장감이 돌며 두려움이 엄습해 왔다.

새벽 5시가 되어 아내와 함께 새벽예배를 드리러 교회로 향했다. 운전 중에 아내에게 좀 전에 꾼 꿈과 기도에 관해 얘기했다. 약간 놀라는 표정이었지만 아무 말이 없었다.

예배를 마치고 집으로 돌아온 후, 오전 10시쯤 되었는데 서희정(가명) 집사님으로부터 전화가 왔다. 다급한 목소리였다.

"전도사님, 큰일났어요! 계수동 마을에 S교회 사람들이 떼거지로 몰려왔어요. 이번에는 1톤 트럭 10대 분량의 가재도구까지 실어서 왔어요. 폭력배들도 동원해서 왔어요. 기도해주세요!" 나는 곧 가겠다고 하고 전화를 끊었다.

S교회는 기독교 이단인 신앙촌 천부교에 있던 사람들이 나와서 세운 교회였다. 전에도 몇 번 마을에 들어와서 소란을 피웠는데 이번에는 대규모로 온 것이다. 그들은 재개발예정지역인 계수동 마을에 법적인 소유권이 없으면서도 명분상의 소유권을 주장하며 무력 행사를 하였다.

집사님과 전화 통화를 한 후, "하나님께서 이 일로 인해 새벽에 내게 기도하게 하신 것일까? 어쩌면 오늘 큰 위험 가운데 들어가서 생명을 잃을 수도 있겠구나"라는 생각이 들었다. 그래서 잠시 기도한 후 아내와 함께 긴장하며 계수동으로 갔다.

마을 가까이에는 경찰 2개 중대 약 160명 정도가 도로 한쪽에 줄지어 대기하고 있었다. 대형경찰버스 2대와 여러 대의 경찰차들 그리고 진두지휘 차량이 도로의 한쪽에서 비상상황에 대비하고 있었다. 마을 입구에는 바리케이드가 설치되어 있었고, 경찰이 사람들의 출입을 통제하고 있었다. 몇 명의 경찰 간부가 무전기로 현장의 긴박한 상황을 상부와 교신하고 있었다. 사태가 심상치 않아 보였다. 마치 전시상황을 방불케 했다. 나는 집에서 나올 때보다 더 긴장되었다. 마을 안쪽 두세 곳에서 메가폰 소리로 사람들의 고성과 욕설이 오고 갔다. 다른 한쪽에서는 "할렐루야, 예수, 마귀를 이겼네." 라는 소리도 들렸다. 그런데 이상하게도 그 찬송 소리가 귀에 거슬렸다.

마을로 들어가는 주 출입구가 막혀서 진입할 수 없었기에 경찰이 없는 마을 스피커 탑과 공동화장실이 있는 쪽으로 해서 우리 교회로 들어갔다. 예배당 안에서도 밖의 그 찬송 소리와 고성이 들려왔다. 점점 더 긴장되고 겁도 났다. 온 마음과 몸으로 와닿는 현장 상황에 정말 어찌할 줄을 몰랐다. 그래서 그냥 바닥에 엎드려 “주님! 주님!”하고 주님만 불렀다.

“이런 상황에서 뭘 어떻게 해야 하지?” 하는 생각을 하고 있는데 아내가 김경순 집사(가명, 69세)가 걱정된다고 하였다. 집사님의 집으로 가보자는 것이다. 언덕 위에 있는 구멍가게를 지나 좁은 골목길에 들어섰을 때 마침 김경순 집사의 사촌 오빠 되시는 분을 만났다.

“김 집사님은 어디 계세요?”

“아까 쓰러져 병원에 있다가 조금 전에 조합사무실로 갔어요”

나는 깜짝 놀라 물었다.

“어쩌다가요?”

“S교회 사람이 밀쳐서 넘어져 머리가 깨졌어요. 구급차에 실려 병원으로 갔는데 지금은 조합사무실에서 쉬고 있을 거예요.” 본인은 조합장과의 사이가 안 좋아서 안 갔다고 한다.

나는 집사님에게 가보겠다고 하고 골목을 나왔다. 아내가 서희정(가명) 집사님 댁은 어떤지 가보자고 하였다. 서 집사님의 집을 향해 가는데 계수동 주민들과 S교회 사람들이 다투는 소리가 더욱 크게 들려왔다. 집 근처에 도착하니 많은 사람이 한쪽에 모여서 흰 바탕에 빨간 십자가로 수놓은 깃발을 들고 고함을 치고 있었다.

“예수 이름으로! 예수 이름으로! 마귀는 쫓긴다.... 할렐루야 우리가 승리했습니다.”

다른 한쪽에서는 안경 낀 한 남자와 덩치 큰 젊은 남자가

서로 욕설을 퍼부으며 말다툼을 하고 있었다. 조합에 속한 마을 사람들은 S교회 목사라고 하는 사람을 향해 "허oo 야! 네가 목사냐? 이 XX야"라고 욕을 합니다. 이에 대해 S교회 사람들은 계수동 마을 사람들에게 "우리 재산을 찾기 위해서"라며 찬송가를 불러가며 고함을 쳤다. 서너 명씩 모여 이쪽저쪽에서 시비와 다툼이 일어났다. 여차하면 주먹과 몽둥이로 패싸움이 벌어질 기세였다. 다행히도 무장한 경찰이 양측을 말리기도 하고 때론 무섭게 엄포를 놓기도 해서 사태가 조금씩 진정되었다. 경찰들로 인해 추가 사고는 없을 것 같다는 판단이 섰다.

아내가 서 집사님에게 전화했다. 집사님은 매우 걱정하는 모습으로 집에서 나왔다. 울먹이는 얼굴로 "어떤 여자분이 심장도 안 좋고 몸도 불편한 상태에서 S교회 측 사람이 밀쳐서 넘어져 병원으로 실려 갔어요"라고 하였다. 그 말에 아내가 "그분이 바로, 우리 교회 김경순 집사님이에요!"라고 했더니 깜짝 놀란다.

서 집사님의 상황을 살핀 후, 곧바로 김경순 집사님이 있다는 조합사무실로 향했다. 도착하니 집사님이 없었다. 조합 측 사람에게 물어보니 인근 정형외과에 입원시켰다고 했다. 곧바로 병원에 가서 로비에 들어서는데 김 집사님이 아픈 몸으로 2층 계단에 울면서 서 있었다.

"전도사님! 사모님! 죄송해요."

"아니에요. 몸은 괜찮으세요?"

집사님은 얼굴과 머리에 검고 큰 피멍이 든 곳곳을 보여주었다. 몸도 제대로 가누질 못할 정도였다. 집사님은 병실로 우리를 안내해서 사건의 자초지종을 이야기한다.

"새벽예배 후, 집에 돌아와 쉬고 있었어요. 그런데 옆집의 아주머니가 놀란 얼굴로 빨리 나와 보라고 하는 거예요. 나가기 싫었는데 나갔어요. 나가보니 S교회 사람들이 떼로 몰려와 집마다 문을 열고 '나와! 나와!'라고 고함을 지르는 거예요. 기존에 있던 살림살이를 끄집어내고 자신들이 가져온 짐을 들여놓으려고 하는 거예요. 내 동생의 빈집에도 짐을 넣으려고 문을 열기에 '왜, 문을 열려고 하냐?'며 화를 냈어요. 그런 후 저만치에서 사촌 오빠와 S교회 측의 덩치 큰 남자가 서로 밀치며 다투는 것을 봤어요. 다가가서 오빠를 붙잡고 말렸어요. 그런데 그 덩치 큰 남자가 나를 붙잡더니 '넌 뭐야! 이년아'하며 두 손으로 나를 세게 밀쳐서 넘어뜨리는 거예요. 그때 내 몸이 뒤로 넘어지면서 머리가 콘크리트 바닥에 쿵 떨어졌어요. 그런 후 의식을 잃었어요."

집사님과 대화 중에 조합사무실로부터 집사님에게 전화가 왔다. 집사님은 "진단이 얼마나 나왔느냐?"는 조합 측의 질문에 "2주 18일이 나왔다"고 하였다. 조합은 "왜 그것밖에 안 나왔어요? 할머니(김 집사님)보다 더 약하게 다친 사람도 4주가 나왔는데"라며 4주나 최소 3주 진단을 끊으라고 압박하였다.

통화가 끝난 후, 집사님은 "병원에서 2주간 18일이라고 하는데 내가 어떻게 3주나 4주로 진단을 끊을 수 있냐?"라며 조합 측에 불편한 마음을 나타냈다. 우리가 보기에도 다친 사람의 생명과 건강은 뒷전이고 자신들의 이익만을 추구하는 조합 측의 태도가 괘씸했다.

대화 중에 담당 간호사가 와서 주사를 놓았다. 이제 그만 쉬게 해드려야겠다 싶어서 기도해드리고 가겠다고 했다. 기도하기 전에, "집사님, 머리를 다칠 때 피가 나오지 않았더라면 뇌진탕으로 즉사하셨을 수도 있었어요. 그런데 출혈이 있어서 천만다행이에요. 하나님께 감사드려요."라고 한 후 함께 감사기도를 드리고 병원에서 나왔다.

다시 마을로 가기 위해 아내와 함께 버스를 탔다. 버스 안에서도 마음에 긴장감이 여전히 남아있었다. 새벽에 꾸었던 꿈과 기도 내용이 다시 생각났다. 바로 그때 주님께서 "오늘 새벽에 네가 내게 기도하지 않았더라면 그 딸은 오늘 죽었다!"라고 말씀하신다.

마을에 도착하니 모든 상황이 종결되었다. 이전처럼 평온해졌다. 교회에 들어와서 긴장을 가라앉힌 후 아내와 이야기를 나누었다. 아내는 오늘의 사건을 겪는 중에 오늘 새벽예배를 가면서 전도사님이 말씀했던 꿈과 간절한 기도 "주님! 구원해 주셔서 감사합니다. 살려주셔서 감사합니다."라는 말이 계속 생각났다고 하였다.

"정말, 하나님께서 이런 일이 있을 줄 아시고 미리 전도사님을 깨워 기도하게 하신 거예요! 하나님께서 김경순 집사님을 살려주신 거예요! 평상시 심장도 안 좋고 이틀에 한 번 병원에 다니는 69세 노인분이 공수부대 출신의 건장한 남자에 밀쳐서 머리가 콘크리트 바닥에 떨어졌는데도 죽지 않고 산 것은 정말 하나님께서 지켜주신 거예요."

나도 아내의 말에 공감하였다.

"김 집사님은 오늘 돌아가셨을 수도 있었어요. 악한 자들에 의해 돌아가셨더라면 집사님과 가족들 그리고 우리 하나교회는 어떻게 되었을까요? 목회자인 나는 목회할 힘을 잃었을 거예요. 오늘 사건은 원수가 집사님을 죽임으로 교회를 무너뜨리려는 공격이었어요. 하지만, 주님께서 원수의 궤계를 낱낱이 아시고 기도하게 하심으로 김 집사님과 하나교회를 죽음에서 건지시고(시27:1-3; 118:5-14), 살리셨어요. 그것도 부활절 주간에 말이에요."

이 사건으로 인해, S교회 측 대표와 김 집사님을 밀쳤던 남자는 경찰 조사를 받고 형사 처벌을 받았다. 그 이후로도 몇 번 더 난동을 부렸지만, 점점 그 횟수가 줄어들고 강도도 약해졌으며 그러다가 완전히 사라졌다.

Chapter 02

교회 개척

나는 다소 늦은 나이에 신학을 했다. 한 학기를 마친 후 여름방학을 맞아 학기 중에 읽고 싶은 책들을 보러 학교도서관에 갔다. 성경 주석을 읽고 있는데 마음속에서 "기도실에 가서 기도하거라"는 음성이 들렸다. 읽던 책을 잠시 내려놨다. 즐겁게 책을 읽고 있는데 기도하라니? 주님이실 리가 없어." 나는 다시 책을 읽기 시작했다. 잠시 후 또다시 "기도실에 가서 기도하거라"는 음성이 들렸다. 이때 엘리 제사장이 어린 사무엘에게 한 말이 생각났다.

"그가 너를 부르시거든 네가 말하기를 여호와여 말씀하옵소서 주의 종이 듣겠나이다 하라"(삼상3:9). 읽던 책을 다시 내려놓고 잠시 눈을 감았다. "주님, 정말 주님이시라면 확증해 주세요. 제가 주님께 순종하기를 원합니다. 주님의 뜻이 이루어지기를 원합니다."

지금 들은 이 음성은 셋 중의 하나임이 분명하다. 진짜 주님의 음성이든지 아니면 내 자아의 소리든지. 그 둘도 아니면 마귀의 속삭임이라는 생각이 들었다. 나는 곰곰이 생각해 보았다. "만약 내 자아의 소리라면 나는 지금 책 읽기를 원한다. 그렇다면 책 읽는 것을 내려놓고 기도하러 가라는 것은 자아의 소리는 아니야. 만약 원수의 속삭임이라면 마귀가 하나님께 기도하라고 할 리는 없겠지. 그렇다면 주님의 음성이 맞아!"

그 소리가 주님의 음성(요10:27)이라는 확신이 들자 기도하고 싶은 열망이 올라왔다. 조용히 자리에서 일어나서 기도실로 향했다. 시간 날 때마다 기도했던 자리였다. 기도를 시작한 지 얼마 안 돼서 "주님, 교회를 개척하게 해 주세요. 교회를 개척하게 해 주세요"라는 기도가 나왔다. 잠시 기도를 멈추었다.

"왜, 내가 이런 기도를 하지? 나는 교회를 개척할 마음도 없고 형편도 안 되는데, 왜 교회를 개척하게 해 달라고 기도하고 있지?"

그때 예레미야 1장 9절 "여호와께서 그의 손을 내밀어 내 입에 대시며 여호와께서 내게 이르시되 보라 내가 내 말을 네 입에 두었노라"가 생각났다. 그래서 주님께서 교회 개척을 하라는 것일 수 있다고 여겼다. 시간을 갖고 좀 더 기도하기로 했다. 정말, 교회를 개척하는 것이 주님의 뜻이면 확증과 확신을 주실 것이다. "주님, 제 뜻대로 마옵시고 주님의 뜻대로 하옵소서! 주님의 뜻이 이루어지기를 원합니다!"라고 기도했다.

그 일 후 교회 개척을 하는 것이 진정 하나님의 뜻인지에 대해 1년 동안 기도했다. 이 기간만큼 기도하게 하신 이유가 있었다. 하나교회가 세워져야 할 마을과 건물에 이미 교회가 있었기 때문이다.

1학기 종강일이었다. 집에 가기 전에 기도실에 들러서 기도했다. 한참을 기도했다. 기도 중에 "너희 안에서 행하시는 이는 하나님이시니 자기의 기쁘신 뜻을 위하여 너희에게 소원을 두고 행하게 하시나니"(빌2:13)라는 말씀이 생각나며 교회 개척에 대한 소원과 열정이 생겼다.

기도를 마친 후, 섬기는 교회의 순 식구인 집사님과 약속이 있어서 집사님이 운영하는 약국에 갔다. 집사님에게 교회 개척에 대해서 언급하지 않았다. 문을 열고 들어서니 반갑게 맞아주면서 소개해 줄 분이 있다고 하였다. 인터넷을 열더니 최근 교회를 개척하신 목사님의 이야기를 하였다. 그리고 그 목사님의 활동과 관련한 자료를 주면서 "전도사님도 교회를 개척하면 이 목사님처럼 하시면 좋겠어요."라고 하였다. 자료를 받으면서 "이것이 주님께서 내게 교회 개척을 하라는 사인이구나"라고 여겼다.

Chapter 03

제대로 들은 것 맞아?

교회를 개척하기 전에 주님과 더 많은 시간을 보내고 싶어서 강남금식기도원에 갔다. 머물러 있던 기간에 "믿음으로 모든 세계가 하나님의 말씀으로 지어진 줄을 우리가 아나니 보이는 것은 나타난 것으로 말미암아 된 것이 아니니라"(히 11:3)는 말씀을 받았다. 무엇이든지 할 수 있을 것 같았다. 심지어 열방들을 이길 수도 있을 것 같은 담대함이 생겼다.

기도원에서 내려와서 교회 자리를 알아보았다. 어디에서 목회를 시작해야 할까를 고민하다가 이전에 섬기던 교회에서 멀리 떨어진 곳이 좋겠다는 생각이 들었다. 그런데 기도 중에 생각이 바뀌어 부천시 소사구 범박동 일대에서 찾아보기로 했다.

부동산의 소개로 어린 두 아들과 함께 여러 군데를 알아보았다. 그런데 보여주는 곳마다 보증금, 월세, 관리비 등을 따져보니 엄두가 나질 않았다. 집으로 돌아가면서 "정말, 교회 개척에 대해서 제대로 들은 거 맞아?"하는 생각까지 들었다.

새벽 예배를 갔다 온 후, 오늘은 혼자서 다리품을 팔며 좀 더 자세히 알아보아야겠다고 생각했다. 그런데 어제와 별반

다르지 않았다. 마음이 많이 위축되었다. 오후 5시 30분쯤 되어 몸이 많이 지쳐 있었다. “마지막으로 부동산 한 곳만 더 가보고 없으면, 이 지역이 아니라 여기고 다른 지역을 알아보자”라고 마음먹었다.

약간 언덕진 곳에 ‘양지부동산’이라는 간판이 보였다. 문을 열고 들어가니 사십 대 초반으로 보이는 사장님이 어떻게 오셨냐고 물었다. 작은 평수의 저렴한 교회 자리를 알아보고 있다고 말했더니 대뜸 너무 좋은 곳이 있다고 하면서 당장 가보자고 하였다. 승용차로 범박동 힐스테이트 5단지를 끼고 시흥 방향으로 향했습니다. 그때는 지금 있는 계수대로가 공사를 하다가 중단해서 오래 동안 끊겨 있었다. 큰 밭과 비닐하우스가 있었고 그 옆으로 개천이 흘렀다. 사장님이 낡은 공장 건물 앞에 차를 주차하고 내려서 좁은 골목으로 들어간다. 양옆으로 1950년대의 허름한 집들이 줄지어 있다. 문짝들은 반쯤 떨어져 한쪽으로 기울어져 있고 창문의 유리는 폭탄 파편을 맞은 것처럼 거반 깨져있었다. 정말 뭐라도 나올 분위기였다. 가면 갈수록 주변이 험했다. 나는 마음속으로 “보나 마나다. 이런 곳에서 어떻게 교회를 하나? 하지만 왔으니까 그냥 한 번 보고나 가자.”라고 하며 아예 기대를 접었다.

부동산 사장님이 보여주는 곳은 아주 오래된 빨간 벽돌 건물의 2층이었다. “아무래도 그렇지 어떻게 이런 곳을 보여주나.” 싶어서 마음이 어려웠다. 자세히 보고 싶지도 않았고 그냥 빨리 나오고만 싶었다. 묻지도 않았는데 전체 평수가 34평이고 보증금은 4백만 원이고 월세는 37만 원이라고 했다. 가격은 다른 곳보다 엄청 싸다는 생각이 들면서도 "그래도 그렇지 어떻게 이런 곳에서 교회를 합니까!"라는 말이 목구멍까지 나왔다. 집으로 돌아왔다. "어땠어요?"라는 아내의 물음에 "그냥 뭐 마땅한 곳이 아직 없네요."라고만 했다. 말하고 싶지 않았다.

다음날 기도 시간에 교회 자리를 놓고 기도했다. 어제 그 부동산 사장님이 보여준 곳이 생각이 나면서 한 번 더 가봤으면 하는 마음이 들었다. 그래서 전화를 걸어 한 번 더 볼 수 있냐고 물었더니, 볼 수 있다고 했다. 이번에는 먼저 주차했던 앞쪽에 차를 세워놓고 걸어갔다. 부동산 사장은 뒤돌아보면서 "사장님, 보여드린 이 건물을 사용하시면 대박 날 것입니다."라고 했지만, 그저 계약을 성사시키기 위한 상술로 여겨졌다.

도착해서 건물의 문을 열고 들어갔는데 이상하게 어제의 마음과 좀 달랐다. 왠지 평안함이 느껴졌다(사 55:8-9). 부동산 사장은 건물에 대해 긍정적인 면을 계속해서 말했다. 나는 화장실을 비롯해 이쪽저쪽을 꼼꼼히 살펴보았다. 그리고 싫다 좋다 말하지 않고 집으로 돌아왔다.

다음 날부터는 그곳이 더 자주 생각이 났다. 여전히 마음 한 곳에 "아니야"라는 생각도 있었지만, 기도할 때마다 마음

깊은 곳으로부터 느껴지는 평안함이 있었다. 그래서 또다시 그곳을 가보았다. 건물 안까지 들어가지 않고 주변만을 살펴보았다. 처음보다는 좋게 느껴졌다. 하지만 마음 한구석에서 "틀린 것도 자주 보면 옳은 것처럼 보일 수 있다던데 내가 지금 그러고 있는 것은 아닌지"라는 생각이 들었다. 여하튼 처음 볼 때보다 좋게 여겨진 것은 사실이다.

다음 날 기도하고 생각하는데 또다시 가보고 싶어졌다. 이번에는 처음처럼 열쇠를 받아서 건물 안으로 들어가 보았다. 그리고 강대상과 의자를 놓고 이렇게 저렇게 꾸미고 시작하면 되겠다고 하는 생각에까지 이르렀다. 그 자리에 서서 기도했다.

"주님, 정말 저희가 이곳에서 교회를 시작하기를 원하신다면 평탄하고 형통하게 해주세요. 솔직히 마음에 내키지 않지만, 주님의 뜻이라면 순종하겠습니다."

그 건물에서 나와 집으로 돌아오는 길에 건물의 장소를 아내에게 보여줬을 때, 만일 아내가 좋아하면 주님께서 그곳에 개척하라는 것으로 알고, 싫어하면 주님의 뜻이 아닌 것으로 해야겠다고 결심했다. 아내의 동의 없이 할 수 있는 일이 아니기 때문이다.

집에 가서 건물과 관련하여 아내에게 그간 있었던 일들을 자세히 말했다. 아내는 기대가 되었는지 내일 당장 가보자고 한다. 마음속으로 아내가 실망하면 어쩌지 하는 불안감이 있었지만, 그것조차도 주님께 맡기기로 했다.

차를 타고 원종동을 벗어나 소사역을 지나 범박동 아파트 단지를 들어설 때만 해도 아내의 얼굴은 밝았다. 함박웃음을 웃기도 했다. 그런데 힐스테이트 5단지 끝 예일유치원을 지나 좁은 도로에 진입하자 표정이 서서히 굳어졌다. 도로 양옆 1950년대의 무너질 듯한 허름한 집들을 본 것이다.

"어디까지 가요? 이곳인가요?"

그렇다고 하자 그 이후로 한마디 말도 하지 않았다.

도착해서 건물을 보여주며 이런저런 이야기를 해도 아무런 반응이 없었다. 아내는 건물을 나오면서 기도 모임에 가야 한다며 가까운 역에 내려달라고 했다. 알았다고 하고 역곡역으로 향하면서 생각을 했다. "그러면 그렇지. 역시 아니었어. 아닌 것이 확실해졌으니 오히려 잘 됐다. 더 이상 갈등하고 고민하지 않아도 되니까." 그리고 그 장소에 대한 마음을 접었다.

저녁쯤 집에 있는데 아내로부터 전화가 왔다. 약간 울먹이면서 상기된 목소리로 "전도사님, 기도하는데 주님께서 그곳이 우리가 교회를 시작해야 할 자리가 맞다는 감동을 주세요."라며 확신에 찬 말을 한다. 예상 밖의 일이라서 놀랐다. 이어서 아내는 주님께서 창세기 말씀을 주셨다고 한다.

"야곱이 길을 가는데 하나님의 사자들이 그를 만난지라 야곱이 그들을 볼 때에 이르기를 이는 하나님의 군대라 하고

그 땅 이름을 마하나임이라 하였더라."(창32:1~2)

아내가 말했다. "주님께서 그곳을 '마하나임'이라고 말씀하세요." 주님께서 아내에게 '마하나임'(두 개의 진영)이라고 하신 것은, 후에 하나교회가 계수동에서 교회와 중보기도센터 두 가지 역할을 감당했기 때문이다.

아내는 함께 기도했던 두 분의 집사님이 그곳에 가보고 싶어 한다고 한다. 그래서 두 분의 집사님과 함께 건물에서 만났다. 집사님들은 장소에 대한 느낌이 참 좋고 평안하다고 한다. 그 말에 더욱 큰 힘을 얻고 계약하기로 최종 결정을 했다. 이렇게 해서 정말 가고 싶지 않았던 곳, 할 수만 있으면 피하고 싶었던 곳, 부천에서 마지막 남은 빈민촌인 계수동 그것도 이단이 많은 그곳에서 교회를 개척하게 되었다.

Chapter 04

큰 승리

교회 장소는 정했는데 계약금이 없었다. 기도 중에 가계약을 하면 좋겠다는 생각이 들었다. 가계약금 10만 원을 지불하고 본계약은 2주 후에 하기로 했다. 본계약금을 위해 아내와 함께 매일 간절한 마음으로 기도했다. 기도 중에 "관계 가운데 있는 형제자매들에게 교회를 개척한다고 알리라"는 감동을 받았다. 나와 아내는 그래도 될까 하는 고민이 생겼다. 재정적인 부담을 주는 것 같아서 말하고 싶지 않았지만 인간적인 생각과 따짐을 뒤로하고 순종하기로 했다. 주변의 형제자매들에게 알리자 예상외로 다들 너무 기뻐하였다. 교회 개척에 필요한 것들을 물으면서 보증금, 실내 인테리어, 강대상과 의자, 주방용품, 가전제품 등등을 아낌없이 공급해 주었다. 이렇게 해서 본계약을 잘 마치고 작지만 아담하고 아늑한 곳에서 교회를 개척했다.

2009년 8월 8일 어른과 아이들 모두 12명이 모여서 첫 예배를 드렸다. 말씀을 전해주시는 목사님이 예배의 장소에 평안함이 있다고 하였다. 개척 멤버는 나와 아내 그리고 10살과 8살 아들 둘 뿐이었다. 첫 예배를 드린 후, 어느 날 저녁 지역주민 한 사람과 대화를 나누게 되었다. 하나교회에 출석했던 김옥금 할머니의 사위였다.

"목사님, 이곳에 뭐하러 오셨어요? 여기는 교회 장소로 적합하지 않아요. 3개월도 못 버틸 거예요. 먼저 계시던 여자 목사님도 그 자리에서 4년 6개월 동안 하다가 역곡 쪽으로 갔어요. 떠난 지 6개월 됐어요."

나는 우리 하나교회가 들어가기 직전에 교회가 있었다는 말은 처음 들었다.

"그분도 하다 하다 안 돼서 떠났는데 뭐하러 이런 곳에서 교회를 하려고 하세요? 그러니 하루라도 빨리 떠나세요."

그는 내게 아주 노골적으로 떠나라고 말했다.

"저희는 하나님께서 보내서 왔습니다. 마을 어르신 중 어떤 분은 저희에게 교회가 지역개발의 이익을 얻기 위해서 온 것 아니냐고 하시던데 그렇지 않습니다. 이 마을에 사는 분들에게 복음을 전하고자 온 것입니다. 정말 그래서 온 것입니다."

나중에 하나교회는 그 사위분과 대화를 나눈 지 10년이 되는 해에 지역개발로 인해 계수동에서 나오게 되었으며 그분의 가족들은 교회보다 먼저 마을을 떠났다.

두려움을 이기다

신대원에서 공부할 때, 교단 헌법을 가르치시는 교수님이 목회 장소를 정할 때 이단이 있는 곳은 들어가지 말라는 가르침을 주었다. 하지만, 그 얘기를 들은 시점은 교회 개척 후였다. 교수님은 이단이 있는 장소나 있었던 지역은 목회하기 힘든 곳이라고 했다. 영적으로나 정신적으로 그리고 육체적으로 이겨내기 어려운 곳이라고 했다. 하지만 어쩔 수 없는 일이었다. 개척 후에 듣게 된 것도 주님의 뜻이라고 생각했다. 개척 전에 들었더라도 주님의 인도하심이 확실했기에 어떤 어려움을 무릅쓰고서라도 감행했을 것이다.

전에 섬기던 교회에서 중국으로 아웃리치를 갔다. 그때는 집사였는데 가기 전에 나와 아내에게 두려움이 있었다. 아내가 인상적인 꿈을 꾸었는데 내가 중국에서 처참하게 죽는 꿈이었다. 게다가 내가 새벽 예배를 갔는데 찬양인도자가 주로 십자가와 순교 관련한 찬양을 드리는 것이었다. 그 찬양에 감동이 되고 눈물이 났다. 그러면서 속으로 "내가 이번에 중국에 가서 정말 죽나? 순교하나?"라는 생각까지 하게 되었다.

시간이 지날수록 두려움은 점점 커졌다. 다른 때에는 그렇지 않았다. 중국보다 더 위험한 지역으로 갈 때도 이보다 두려움을 느끼지 않았다. 약간의 긴장이 있었고 겁이 나기도 했지만, 기도하면 금방 사라졌고 말씀에 근거한 믿음을 세울 수 있었다. 그런데 이번에 중국에 가는 것에 대한 느낌은 달랐다.

며칠이 지나도 불안한 마음이 사라지지 않자 아내는 일정을 취소하자고 했다. 그때 아내에게 이렇게 말했다.

"우리가 살아도 주를 위하여 살고 죽어도 주를 위하여 죽는 것이에요. 사나 죽으나 우리가 주님의 것이에요(롬14:8). 복음을 전하다 죽으면 순교요, 천국이요, 영광이에요. 가기로 한 것이니 갑시다."

아내는 내 말에 동의해 주었다.

"그래요. 우리가 다른 일도 아니고 주님의 나라를 위한 일을 위하여 가는 것인데 죽든지 살든지 가야지요."

아내에게 각오와 결단을 말한 후, 주변의 형제자매들에게 기도를 부탁했다. 한 자매님이 시흥에서 나라와 민족을 위한 기도 모임이 있는데 한번 와보라고 하였다. 아내와 함께 갔다. 각자의 기도 제목을 내놓는 시간에 우리 기도 제목을 말했다. 모임을 인도하시는 남자 전도사님이 함께 기도하자고 했다. 합심 기도를 마친 후, 전도사님이 기도 중에 본 환상을 말해주었다. 치열한 영적 전투 가운데 큰 승리가 있을 것에 대해서 말씀하면서 너무 걱정하지 말라고 하였다. 그 말씀이 위로와 힘이 되었다.

그래도 두려움은 남아있었으며 중국 단기선교를 감에 있어서 우리가 할 수 있는 최선을 다하고 싶어서 아내와 함께 3일을 금식하며 기도했다. 금식기도를 마치는 날이 출국하는 날이었다. 중국 모 공항에 내려서 목적지로 향하는 버스 안에서 팀원들과 함께 기도했다. 성령의 충만함을 느낄 수 있었다.

교회에 도착해서 공식 일정에 들어갔다. 첫 예배를 드리는데, 그 장소가 하늘과 땅이 맞닿은 것 같았다. 주님의 임재와 영광이 가득했다. 평안과 기쁨과 큰 감격 가운데 하염없는 눈물이 땀과 함께 쏟아지고 또 쏟아졌다. 마치 마태복음 17장 5절의 "빛난 구름" 안에 있는 것 같았다. 그전까지 그와 같은 예배는 한 번도 경험해 본 적이 없었다.

예배를 마친 후, 그 교회의 담임 목사님과 나를 포함한 몇 명의 형제님들이 차를 마시며 대화를 나눴다. 목사님은 내게 따로 할 말씀이 있다고 하셨다. 궁금했지만 목사님의 그 말씀 이후로 서로 바쁜 일정 때문에 대화할 시간이 없었다. 얼굴을 마주치면 뭔가 아쉬운 느낌으로 그냥 지나쳐야만 했다. 공식 일정을 다 마치고 한국으로 돌아가기 하루 전날 밤까지도 따로 만날 수 없었다. 아쉽지만, 주님의 손길에 맡기기로 했다.

다음날 공항으로 출발하기 위해 버스에 짐을 싣고 팀원들이 한 명 두 명 승차했다. 나는 다른 팀원들이 모두 타고 난 후에 탔다. 좌석을 살펴보니 딱 두 자리가 남아있었다. 창가 쪽에 앉았다. 그런데 잠시 후 그 교회의 담임목사님이 걸어오더니 내 옆에 앉았다. 공항을 향해 차가 출발했다. 약 45분 정도 걸렸는데 그 시간 동안 목사님과 대화를 나눌 수 있게 되었다.

목사님은 앉자마자 "집사님, 대화하는 시간을 가졌어야 했는데 시간을 못 내서 미안합니다"라고 하시면서 말을 이어갔다. 그리고 서로 이번 단기선교와 관련하여 있었던 일들에 대한 감회를 나누었다.

이어서 내가 신학을 해야 하는지를 놓고 고민과 갈등 가운데 있다고 말씀드렸더니 목사님은 속히 신학을 했으면 좋겠다고 한다. 목사님도 직장생활을 하다가 좀 늦은 나이에 부르심을 받아 중국에까지 왔다고 한다. 주님께서 목사님을 부르신 과정을 자세하게 얘기해 주신 후, 부르심을 받음에 있어서 목사님과 나의 상황이 비슷하다고 하였다. 내 나이를 물으시며 아직 늦지 않았으니 돌아가면 빨리 시작하라고 하였다.

목사님과 대화를 나누기 전까지만 해도 신학을 해야 하나 말아야 하나에 대한 갈등과 고민이 많았는데 그 이후로는 단 한 번도 하지 않게 되었다. 공항 가는 버스 안에서 목사님과의 대화를 통해서 주님께서 나를 주의 종으로 부르신다는 확신이 들었다.

한국으로 돌아오는 비행기 안에서 주님께서 행하신 여러 가지의 일들로 인해 감격스러웠다. 특히 나를 주의 종으로 부르셨다는 확신으로 인해 눈물이 많이 났다. 참 기쁘고 행복했다. 주님과 사도들을 생각하며 진정한 주의 종된 삶을 끝까지 살아야겠다는 다짐을 했다.

더욱 감사한 것은, 중국의 그 교회의 담임목사님으로부터 우리 단기선교팀이 다녀간 이후부터 그 교회에 매주 열 명 이상의 새 신자들이 들어온다는 소식을 들은 것이다. 나중에는 성도의 수가 우리가 가기 전의 세 배에 가깝게 늘어났다는 소식까지 들었다. 참으로 기쁘고 감격스러웠다.

나는 종종 그때를 회상하며 아내에게 "그때 그 두려움(딤후1:7)을 이기고 가기를 참 잘했어요."라고 말한다. 원수 마귀는 우리가 중국에 들어가지 못하도록 두렵게 했지만, 주님은 원수의 모든 궤계를 물리쳐주시고 큰 승리를 안겨주셨다.

위와 같은 경험이 있었기에 아무리 어려운 지역이라 할지라도 위험을 무릅쓰고 교회 개척을 감행할 수 있었다. 하지만 이단 지역 빈민촌 계수동에서의 목회는 중국 아웃리치를 갔다 온 것보다 몇 배나 지치고 힘들고 위험한 일이었다.

Chapter 05

특이하게 만난 특별한 사람

교회를 개척하기 전의 일이다. 어느 선교단체의 집회에서 강사 목사가 한국교회 목회자와 성도들을 향해 이런 설교를 한 것을 들었다.

“여러분들의 삶에 하나님의 영광이 나타나기를 원하십니까? 그러면 사랑하십시오. 사랑할 수 없는 사람을 사랑하십시오! 가까이하고 싶지 않은 사람, 결코 엮이고 싶지 않은 그 한 사람(마 25:34-40)을 사랑하십시오! 하나님께서 허락하시는 동안 그 사람과 함께 시간을 보내십시오! 그러면 하나님의 영광과 능력이 당신을 통해 그 한 사람과 주변 사람들에게 나타날 것입니다. 그들은 가난하고 병들고 무지하고 때로는 고약스럽고 역겨운 냄새를 풍기는 사람일 수 있습니다.”

강사 목사님의 이 말씀은 나에게 커다란 도전과 열정을 불러일으켰다. 주님께서 우리를 계수동에 보내신 후 강사 목사님이 말했던 “지극히 작은 자 하나, 가까이하고 싶지 않은 한 사람, 결코 엮이고 싶지 않은 한 사람”을 만나게 하셨다. 또한 그와 같은 형편에 있는 영혼들을 섬길 수 있는 무한한 영광을 주셨다.

전도사님, 왜 그렇게 사람을 피해요?

계수동에 들어간 지 얼마 후의 일이다. 주일 낮 예배를 마치고 마을 사람들을 전도하러 갔다. 교회 맞은편 언덕진 곳에 있는 구멍가게를 향해 올라가는데 불구로 보이는 한 중년 남성이 우리 쪽으로 걸어왔다. 얼굴과 옷차림을 보니 개척 예배를 준비할 때 건물 입구에 있는 목련 나무 옆에 쭈그리고 앉아 있던 그 사람이었다. 그때 그는 까무잡잡한 얼굴에 뜨거운 여름 날씨임에도 두꺼운 겨울 잠바를 입고 헝클어진 장발 머리를 하고 있었다. 앞을 바라보다가 고개를 숙여 땅을 보고, 다시 앞을 보다가 땅을 내려보았다. 그러면서 뭔가 중얼거리며 혼잣말을 했다. 잠시 후 담배를 꺼내더니 라이터로 불을 붙여 연기를 연거푸 내뿜었다.

첫인상이 소름이 돋을 정도로 안 좋아서 그때 이후로 마음 한 곳에 강한 경계심을 갖게 했던 바로 그 남자였다. 그런데 그 사람이 우리 쪽으로 다가왔다. 서로의 거리가 점점 좁혀질 때 마음속에 "저 사람에게 전도지를 건네며 복음을 전해야 하나?"하는 생각이 들었다. 하지만 받아들일 것 같지 않아 그냥 비켜 갔다. 그때 내가 전도자로서 사람을 편애한다는 생각이 양심에 찔려왔다. 아내는 묵묵히 내 뒤를 따라오고 있었다.

그 남자를 지나친 후 우리는 마을회관으로 갔다. 그곳에서 몇몇 마을 사람들에게 전도지를 나누어 주며 교회를 알렸다.

약간의 시간이 흘렀다. 이어서 주변 공장 쪽으로 발길을 향했다. 길을 걷고 있는데 맞은편에서 좀 전에 그 남자가 우리 쪽으로 다가왔다. 순간 긴장이 되었다. 인사를 하고 전도지를 주어야 하나 하는 망설임이 있었지만, 용기가 생기지 않아서 또 다시 비켜 갔다.

공장 안쪽으로 들어가 주민들에게 전도한 후 다시 마을 회관 방향을 향해 걸어갔다. 그런데 또다시 그 사람이 우리를 마주 향하여 걸어오고 있었다. 긴장감이 더욱 고조되었다. "오늘 하루 그리 길지 않은 시간에 두 번도 아니고 세 번씩이나 이 사람과 계속 마주치는데, 이것을 주님의 인도하심으로 받아들여야 하는 것 아니야? 그저 우연으로 여기면 안 되잖아?" 하는 내면의 소리가 들렸다. 이어서 "만약 하나님이 저 사람을 교회에 데려다가 섬기라고 하면 어쩌지? 주님께서 그렇게 하라 하시면 할 수밖에 없겠지만 만약 그렇게 해야 한다면 그건 정말 힘든 일이 될 거야. 힘든 것을 넘어 괴로운 일이 될 거야."라는 생각이 들었습니다. 그리고 마주 오는 그를 향하여 걸어갔지만, 아까처럼 아무 말도 없이 비켜 갔다.

그가 어느 정도 우리를 지나쳐 갔을 때 뒤따라오던 아내가 내게 따지듯이 "전도사님, 왜 그렇게 사람을 피해요? 아니, 이곳에 영혼을 구원하러 왔으면 이 사람 저 사람 가리지 말고 말을 건네며 복음을 전해야 하는 것 아니에요?"라고 하였다. 마음속으로 "어쩌면 좀 전에 내 양심의 소리와 꼭 일치하는 말을 할까?"라고 생각하면서, 아내에게 기죽은 작은 소리로 "그렇지요"라고 대답했다. 이 말 외에 다른 말을 할 수 없었다. 이러지도 저러지도 못하는 상황에서 주님께 죄송했고, 아내에게 부끄러웠고 또 그 사람에게 미안했다.

극적인 재회

세 번째 그 사람과 마주칠 때 떠올랐던 내면의 소리와 이를 확증해 주는 아내의 따끔한 질책으로 인해 기도했다.

"주님, 만약 오늘 저희가 전도를 마치고 교회에 들어가기 전까지 다시 한번 더 그 남자를 마주쳐 만나게 된다면, 그 사람을 교회로 데려다가 섬기라는 주님의 뜻으로 알겠습니다!"(창 24:42-45)

마음을 비우고 다시 전도에 열심을 냈다. 좀 전에 마음속으로 기도한 것을 잊고 만나는 한 사람 한 사람에게 열정적으로 복음을 전했다. 그리고 교회로 들어가기 위해 '유성'이라는 공장의 좁은 골목길을 지나 재래식 공동화장실을 끼고 교회 입구를 향해 걸었다. 약 200미터 정도만 더 가면 왼쪽 담을 돌아서 교회 건물로 들어가게 된다. 그런데 교회 입구를 50미터쯤 남겨두고 우리 쪽을 향해 오토바이 한 대가 다가오더니 멈춰 섰다. 마을에 어느 공장에서 일하는 외국인 근로자인데 파키스탄 사람이었다. 길을 묻기에 안내를 해주었다. 언제 이 사람을 다시 만날 수 있겠는가 싶어 그 자리에서 짧게나마 복음을 전했다. 하지만 자기는 알라를 믿기 때문에 예수는 믿지 않겠다고 한다. 그래도 나는 예수님이 누구이신지, 왜 예수를 믿어야 하는지를 전하면서 하나님의 아들이시고 하나님이신 예수 그리스도를 꼭 믿으라고 말했다. 하지만 그는 냉담한 표정으로 거부했다. 그리고 오토바이에 시동을 걸고 곧장 우리 앞을 떠났다. 복음을 받아들이지 않을 뿐 아니라 관심조차 없는 것으로 인해 안타까웠다.

외국인 노동자와 대화를 주고받은 시간은 약 10분 정도였다. 떠나가는 그의 뒷모습을 바라보다가 돌아서서 몸을 교회로 향하는 순간 바로 그때, 오늘 길에서 세 번씩이나 마주쳤던 그 사람이 우리를 향하여 걸어오고 있는 게 아닌가! 더욱 놀랍고 충격적인 것은, 그가 우리를 향해 활짝 웃으며 그것도 손을 흔들면서 다가오는 것이었다. 그때 나는 "주님, 우리가 저분 김재현(가명)씨를 데려다가 돌보고 섬기겠습니다!"라고 하였다. 그때부터 그의 아들에 의해 요양원에 들어갈 때까지 5년 6개월 동안 우리는 그분을 섬겼다.

Chapter 06

사랑이 사역이다

계수동에서 목회한 지 1년쯤 되었을 때의 일이다. 주차장에 주차한 후 교회 안에 들어서는데 주님께서 "네 평생에 한 영혼만을 위해 목회를 하더라도 너는 그 길을 가겠느냐?"라고 하셨다. 그 말씀을 듣는 순간, 말 문이 막혔다. 나름 큰 목회를 꿈꾸고 있었기 때문이다. 한 영혼만을 위해 평생을 보낸다는 것을 선뜻 받아들이기 어려웠다. 하지만 그렇게 말씀하시는 분이 내게 언제나 선하시고, 인자하시고, 옳으신 주님이시라는 것을 알고 있기에 "예! 주님, 저를 향한 그리고 제 목회에 대한 주님의 뜻이 정녕 그러한 것이라면 기꺼이 그 길을 가겠습니다! 주님, 주님의 뜻이 이루어지기를 원합니다!"라고 말씀드렸다. 그 답변을 하는데 마음이 뜨거워지면서 눈물이 쏟아진다.

보시기에 좋았더라

이때 이후로 교회에 출석하는 단 한 명의 성도인 김재현 형제에게 더욱더 관심을 쏟았다. 사람의 숫자를 생각하지 않고 오로지 그 한 영혼의 필요에만 집중했다.

우리가 김재현 형제님을 만났을 때 그는 정신질환을 앓고 있었다. 술중독으로 인한 것이었다. 한동안 정신병원에도 입원했었다. 그의 아내가 어린 두 아들을 두고 먼저 세상을 떠난데다가 연이은 사업 실패로 술을 너무 많이 마신 게 원인이었다. 평소에 대소변을 가리지 못해서 항상 몸에서 냄새가 심하게 났다. 간혹 교회에 손님들이 오면 냄새로 인해 힘들 정도였다. 그분의 큰아들이 한집에 살았지만, 잠만 자고 나갔다. 아빠에 대한 상처가 컸던 작은아들은 일찍부터 집을 나가서 소식이 끊긴 지 오래되었다.

형제님이 사는 집은 1950년대에 지은 것으로 낡고 허름했다. 지붕은 스레트로 되어 있었다. 작은 현관문을 열고 안으로 들어가면 부엌이고 흙바닥에 싱크대와 세탁기가 놓여 있다. 미닫이문을 열면 길쭉하게 두 개의 방이 나오는데 첫 번째 방에서는 큰아들 기환이가 잠을 자고, 그 안쪽은 형제님이 사용했다. 방에는 습기와 곰팡이가 가득했다. 천장 한쪽은 푹 주저앉았고 벽지는 곳곳이 찢어져서 너덜너덜했다.

형제님은 비닐하우스의 보온덮개를 이불과 요로 사용했다. 사계절용이다. 그냥 그 위에서 먹고 잤다. 옆에는 먹고 남은 밥과 라면과 반찬 등이 산더미처럼 쌓여있었다. 쥐들이 들락날락해서 음식물 쓰레기와 요 위에 쥐똥들이 있었으며 심한 악취가 났다. 어떻게 저런 상태에서 살 수 있을까 하는 불쌍한 마음이 들었다. 돈이 좀 들더라도 집을 수리해 드려야겠다고 생각했다.

방 청소부터 시작했다. 1톤 트럭에 가득 실을 만큼의 쓰레기가 나왔다. 실내 천장과 벽을 예쁘게 도배했다. 쥐가 들어오지 못하도록 방바닥의 갈라진 틈과 구멍을 모두 시멘트로 막았다. 부서지고 부식된 싱크대를 버리고 새것으로 바꿨다. 선풍기도 갖다 놓았다. 겨울에 사용하시라고 따뜻한 전기매트도 깔아드렸다. 요와 이불도 새것으로 바꿔드렸다. 외벽을 흰 페인트로 칠하고 형제님의 옷도 깨끗한 것으로 갈아입혔다.

집수리를 마치니 사람이 살 만한 곳이 되었다. 보기에 좋았다(창 1:31). 기환이가 자격지심에 집수리를 거절하지 않고 적극적으로 거들어준 것이 정말 고마웠다.

집을 수리하고 난 후에도 매주 토요일이면 형제님의 집에 청소하러 갔다. 방을 먼저 청소하고, 설거지를 하고, 세탁기도 돌렸다. 그리고 형제님을 데리고 와서 씻기고 옷을 갈아입혔다. 그리고 저녁을 먹이고, 다음날 낮 예배에 데려왔다. 그 일을 형제님이 요양원에 들어갈 때까지 했다.

예수님이 형제님의 친형님이세요

형제님은 하나교회에 오기 전에 몇몇 교회를 다닌 것 같았다. 함께 성경도 읽고 찬송도 부를 수 있는 상태였다. 찬송가 190장 "성령이여 강림하사"를 잘 불렀다. "하늘에 계신 우리 아버지여"하며 주기도문도 잘 외웠다. 이것이 구원받은 것에 대한 확증은 아니지만 그래도 반갑고 좋았다.

형제님과 함께 5년 6개월을 지내는 동안 병원, 목욕탕, 이발소, 음식점에 같이 다녔다. 대중교통도 함께 이용했다. 버스를 타면 승객들이 형제님을 보고 또 나를 쳐다보았다. 그리고 다시 나를 보고 형제님을 쳐다보았다. 처음에는 그런 시선들이 불편해서 피하고 싶었지만, 어느 시점부터 마음을 비웠다. 형제님이 나이고, 내가 형제님이라는 의식을 가졌다. 떼려야 뗄 수 없는 사이인 한 식구 한 형제로 여겨졌다.

형제님이 좋아하는 두 가지가 있다. 하나는 짜장면 먹는 것이고 다른 하나는 목욕탕에 가는 것이다. 내가 형제님의 등을 밀어주면 형제님이 내 등을 밀어주었다. 한 번은 내 등을 밀어주면서 "목사님이랑 목욕탕에 오면 좋아유."라고 해서 "저도 좋아요"라고 했다. 그러자 "목사님이 친형님 같아유."라고 해서 "아니에요. 예수님이 형제님의 친형님이세요"라고 말했다.

어느 날은 형제님과 함께 이발소에 갔다. 이발소에 갈 때는 먼저 머리를 감겨서 가는데 그날은 사정이 있어서 그냥 갔다. 머리를 깎던 이발사가 형제님에게서 나는 냄새를 참다가 너무 힘들었는지 인상을 쓰면서 "에이~!"라고 하며 불쾌해한다. 그런 상황에서 형제님은 한술 더 떠 "면도는 안해줘유?"라고 한다. 죄송해서 서둘러 나왔다.

어느 주일 낮 예배 때는 말씀을 듣다가 소변이 마려워 자리에서 벌떡 일어나더니 울상인 얼굴로 발을 동동 구른다.

급히 주방으로 달려간다. 아내가 놀라서 화장실로 안내했는데 가던 중 입고 있던 바지에 오줌을 싸서 다시 옷을 갈아입혀야 하는 일도 있었다. 그렇게 형제님과 많은 시간을 보냈다.

소문난 교회

그런데 어느 날부터 하나교회가 마을의 기피와 혐오 대상인 남자를 돌본다는 얘기가 돌았다. 한 여자분이 그 소문을 듣고 교회를 찾아왔다. 타 교회 집사님이었다. 나와 사모를 보며 신기해하듯 "어떻게 이분을 돌보게 되셨어요?"라고 물었다. 주님께서 붙여주셨다고 하였다. 두 달 정도 지난 후, 그 여집사님이 자기 남편과 두 명의 다른 여집사님을 데리고 하나교회 주일 낮 예배에 참석했습니다. 한주 만에 성도의 수가 다섯 명으로 늘어났다. 그 이후 이십여 명이 모여서 함께 예배를 드릴 수 있게 되었다.

그때 주님께서 내게 "너는 네 평생에 한 영혼만을 위해 목회를 하더라도 너는 그 길을 가겠느냐?"라고 묻지 않으셨더라면 어떻게 됐을까, 또 그 물음에 "예"라고 대답하여 큰 목회에 대한 마음을 비우지 않았더라면 어떻게 됐을까 하는 생각을 해 본다. 어쩌면 형제님과 그토록 길게 여겨진 세월 동안 형제님을 사역의 대상이 아니라 사랑해야 할 사람으로 여기며 친구처럼 지내지는 못했을 것이다.

Chapter 07

땡볕에 장대비가

어찌하여 기도하지 않느냐

2012년 여름은 몹시 덥고 가뭄이 심했다. 지속되는 폭염으로 저수지는 마르고 논바닥은 쩍쩍 갈라졌다. 전국의 강에는 녹조현상이 있었고 물고기들이 떼죽음을 당했다. 심지어 열사병으로 죽는 사람들까지 있었다.

당시 우리는 다세대 주택의 작은 옥탑방에서 살고 있었다. 폭염으로 인해 방에서 숨쉬는 것조차 힘들었다. 선풍기는 트나 마나였다. 옥탑방 현관문을 열고 나가면 바로 앞에 네 평 정도의 공간이 있었다. 바닥이 시멘트라서 하루에 몇 번씩 물을 뿌려야 그나마 견딜 수 있었다.

그러던 어느 날 밤이었다. 방 안이 너무 더워서 마당으로 나왔다. 하늘은 맑고 달은 밝았다. 흰 구름이 뭉게뭉게 피어서 동남쪽에서 북서쪽으로 떠내려가고 있었다. 그 모습을 보면서 “지상의 찜통더위와는 상관없이 하늘은 참 맑고 밝고 좋네~”라고 했다. 그런데 그때 “어찌하여 기도하지 않느냐?”라는 음성이 들렸다. “어? 나는 매일 기도하고 있는데. 주님이신가? 아니면 내가 나에게 하는 소리인가?” 그 말이 내 소리일 수가 없는 것이 나는 밤하늘을 즐기고 있는 상태였기 때문이다. 그 흐름을 멈추게 하고 들어온 소리였기에 주님이시라는 것을 알 수 있었다.

주님께서 사람을 찾고 계신다는 것을 분명히 알 수 있었다(렘 5:1). 주님은 "이렇게 무더운 날씨로 인해 사람이 죽기까지 하는데 폭염이 사라지도록 기도하지 않는구나"라고 하시면서 이 사안에 대해 기도하지 않는 것을 안타까워하셨다.

주님의 음성을 듣는 순간, 평안과 함께 확신과 열정이 올라왔다. 곧바로 방에 들어가서 아내와 아이들에게 기도하자고 했다. 폭염이 사라질 수 있도록 비를 내려달라고, 장대비를 내려달라고 기도하자고 했다. 갑자기 기도하자고 하니 별로 내키지 않는 표정들이었다. 주님의 음성을 들은 것은 나였지 아내와 아이들이 아니었기 때문에 이해가 됐다. 만약 아내나 아이들이 음성을 들었더라면 오히려 내가 어색한 표정을 지었을 것이다.

한자리에 모여서 마태복음 18장 18절~20절의 말씀을 함께 소리 내어 읽었다. 그리고 폭염으로 인한 피해 상황을 자세히 말해주었다. 이로 인한 주님의 마음과 음성을 나누고 "주여, 삼창"을 하고 부르짖어 기도했다. 한참을 기도했다. 그렇게 기도한 이후에도 찜통더위는 계속되었다. 그래도 무더위를 종식시킬 장대비를 갈망하며 기도하고 또 기도했다. 때로는 홀로, 때로는 서너 명이 합심으로, 때로는 예배 시간에 전 교인이 함께 통성으로 간절히 기도했다(마7:7-11, 요16:23-24).

믿음으로 말하다

여전히 햇볕이 쨍쨍 내리쬠에도 믿음으로 선포했다.

"여러분, 비가 옵니다! 이 극심한 가뭄과 불볕더위를 끝낼 장대비가 쏟아집니다!"

그렇게 말하고 밖에 나가보면 여전히 폭염의 열기로 인해 땀을 줄줄 흘려야 했다. 그래도 마음속으로 또 입술의 말로 "장대비는 쏟아진다!"라고 말하고 또 말했다(막11:22-24, 요일 5:14-15).

계수동에서 괴안동 방향으로 범박동 힐스테이트 5단지쯤을 걸어가는데 맞은편에서 중년 부부가 걸어온다. 남자분은 모시로 된 옷을 입고 부채질을 하고, 옆에 있는 여성분은 양산을 쓰고 손수건으로 땀을 닦으며 걸어온다. 그 모습을 보며 "저분들도 꽤 더운가 보다"라고 생각했다.

나도 이마와 얼굴에 많은 땀이 흘러내렸다. 땀을 닦으며 하늘을 쳐다보았다. 나뭇가지 사이로 뜨거운 태양 빛이 내리쬐었다. 그때 "야~ 이렇게 태양 빛이 뜨거운데 어떻게 비가 내릴 수 있겠어?"라는 생각이 들었다. 마음에 의심이 들어오려고 했다. 그래서 눈을 반쯤 감고 작열하는 태양 빛을 똑바로 바라보며 "하나님, 감사합니다! 이 땅에, 이 나라에 가뭄을 해갈하고 이 불볕더위를 종식 시킬 비를 주셔서 감사합니다. 장대비를 주셔서 감사합니다. 하나님 감사합니다. 아버지 감사합니다."라고 믿음으로 말하고 또 말했다.

지나가던 그 중년 부부가 이상하다는 듯 쳐다보았다. 개의치 않고 계속 믿음의 말을 했다. 그 말을 계속하는데 마음속에서부터 큰 확신이 올라왔다. 하나님께서 장대비를 내려주실 것이 믿어졌다. 눈물이 쏟아졌다. 비를 주신 것에 대한 감사와 감격으로 집에 돌아왔다.

맑고 푸른 하늘에서 빗방울이 떨어지다

그 이후로도 땡볕과 폭염은 지속되었다. 주님 안에서 가깝게 지내는 어느 목사님 가정이 집이 너무 더워서 교회에 쉬러 오셨다. 교회에는 에어컨이 있었다. 함께 시간을 보내는 중에 부천 중동 에슐리로 식사하러 가자고 한다. 승용차 한 대에 어른 넷, 아이들 넷 모두 여덟 명이 타고 식당으로 향했다. 시흥 IC에서 외곽순환도로 일산 방향으로 갔다. 하늘은 푸르렀고 햇볕은 여전히 따가웠다. 솜사탕보다 더 깨끗하고 하얀 구름이 군데군데 떠 있었다. 송내IC를 지나 중동IC로 접어들어 내리막길로 내려가는데 빗방울인지 물방울인지 승용차 앞유리창에 우두둑 쏟아지는 것이었다. 나는 누가 호스로 물을 뿌리는 줄 알았다. 그 일부가 튀어서 떨어진 줄 알았다. 그런데 그것이 아니었다. 물을 뿌리는 사람도 차도 없었다. 더군다나 우리가 타고 있는 차가 교각의 높은 지점에서 지상으로 막 내려가려는 지점에서 이 일이 일어난 것이기에 사람에 의한 것일 수 없음을 더욱 확실히 알 수 있었다.

여전히 하늘은 맑고 푸른 가운데 흰 구름이 두세 조각 떠 있었다. 햇볕도 뜨거웠다. "과연 이 물방울은 어디서 떨어진 걸까?"라고 생각할 때 뒷좌석에서 아내가 "엘리야의 손바닥만 한 구름이다!"라고 외쳤다. 아내의 말에 나는 아무 말도 하지 않았지만, 마음속으로 하나님께서 곧 비를 내려주실 것에 대한 징표로 삼았다.

소풍터미널에 도착했는데 식당이 만석이고 대기자들도 많았다. 중동 홈플러스에 있는 에슐리로 옮기자고 의견을 모았다. 다시 차를 타고 소풍터미널을 나와서 고가 밑을 향했다. 그런데 조금 전, 중동 IC로 진입할 때와 똑같이 빗방울이 우두둑 떨어졌다. 이번에는 차 안에 있는 모든 사람이 일제히 "와~!"하며 함성을 질렀다. 차 안의 분위기가 하나님께서 곧 비를 내려주실 것에 대한 기대감으로 꽉 차 있었다. 우리가 타고 있던 차에만 그 빗방울이 떨어진 것이다.

하지만 눈에 보이는 하늘은 여전히 맑았고 흰 구름은 뭉게뭉게 피어있다. 그리고 햇볕은 그대로 땡볕이었다. 이날이 8월 6일 월요일이었다. 월요일 아침에 집에서 나올 때 주일날 합심해서 기도했으니 비가 올 줄 믿고 널려진 빨래를 모두 걷었다. 수요일 저녁에도 집에 와서 아내에게 비가 많이 올 것이니 빨래를 널지 말자고 했다. 그렇게 믿음의 말과 행동을 하는 중에도 수시로 "이렇게 맑은 하늘에 땡볕인데 어떻게 비가 오겠니?"라는 생각이 들었다. 그럴 때일수록 의지를 갖고 믿음으로 “주님, 감사합니다. 비를 주셔서 감사합니다. 폭염과 열대아가 끝나게 하시니 감사합니다. 녹조현상이 완전히 사라지게 하시니 감사합니다.”라고 말하며 의심을 물리쳤다. 그렇게 입술과 마음을 지켰다.

드디어 비가 내리다

그 일 후, 8월 8일 수요일 저녁부터 전국적으로 선선한 바람이 불며 폭염이 누그러지기 시작했다. KBS 저녁 9시 뉴스에서 비를 예보했다. 그리고 다음 날 남부지방에서부터 비가 오기 시작했다. 금요일부터는 부천에도 약간의 비가 내리다가 8월 12일 주일에는 엄청난 양의 비가 쏟아졌다. 특별히 이날은 교회개척 3주년 예배를 드린 날이었다. 오신 분들을 가까운 버스정류장까지 바래다주었는데, 우산을 썼음에도 금방 바지와 신발이 다 젖을 정도로 많은 양의 비가 내렸다. 말 그대로 장대비였다(약5:17-18).

다시 비가 멈추다

비는 하루 이틀을 지나 일주일 가깝게 내렸다. 그즈음에 식구들과 함께 어디엔가 가서 쉬고 싶은 마음이 생겼다. 생각난 곳이 강남금식기도원이었다. 숙소를 예약하고 기도원으로 향했다. 밤에 도착하여 숙소에 들어갔는데 비가 너무 많이 와서 실내가 온통 눅눅했다. 뉴스에서는 비가 많이 와서 곳곳에서 피해가 잇따르고 있다고 하였다.

그때 "전국적인 비 피해가 사라지고, 아이들과 함께 시간을 보내려면 이 비가 멈춰야 하는데 어떻게 하지?"라는 생각을 했다. 야고보서 말씀이 생각났다.

"엘리야는 우리와 성정이 같은 사람이로되 그가 비가 오지 않기를 간절히 기도한즉 삼 년 육 개월 동안 땅에 비가 오지 아니하고 다시 기도하니 하늘이 비를 주고 땅이 열매를 맺었느니라"(약5:17~18)

비가 오게도 하신 하나님은 비를 오지 않게도 하시는 하나님이시다. 아내와 아이들에게 지금 내리는 이 장대비가 멈추도록 기도하자고 했다. 한자리에 모여서 '주여, 삼창'을 하고 기도했다. 그런데 왠지 허공을 치는 듯한 느낌이 들었다. 합심이 되지 않았다. 내리는 비가 멈춘다는 것이 믿어지지 않았기 때문이다. 당연했다. 나 혼자 생각하고 결단한 후, 갑자기 와서 "하나님께 비를 멈춰달라고 기도하자!"라고 했으니 안 믿어지는 것이 당연했다.

마태복음 18장 18~20절의 말씀을 찾아서 읽자고 했다. 한 목소리로 읽었다. 그리고 우리가 지금 왜 이 기도를 해야 하는지에 대해서 잠깐 나누었다. "하나님은 극심한 가뭄 가운데서 비를 내리기도 하시지만, 반대로 내리는 비를 멈추게도 하시는 분이십니다. 하나님은 전능하십니다."라고 멘트를 했다. 그리고 다시 '주여, 삼창'을 하고 부르짖어 기도했다. 합심이 된 것을 느낄 수 있었다.

기도를 마친 후, 한목소리로 선포했다.

“하늘과 땅의 권세를 가지신 주 예수님의 이름으로 명하노니 내리는 비는 멈출지어다! 멈출지어다! 하늘은 다시 맑아질지어다! 햇빛은 다시 비칠지어다! 아멘! 하나님 감사합니다. 비를 멈춰주시니 감사합니다.”

다음 날 아침이 되었다. 여전히 많은 비가 내렸다. 쏟아붓듯이 내렸다. 바람도 불었다. 아내가 아이들의 옷과 수건을 빨았다. 방안의 이곳저곳에 널어놓고 선풍기로 말리려고 하였다. 그때 내가 아내에게 말했다.

“여보, 비가 멈추고 햇빛이 날건대 빨래를 베란다에 널었으면 좋겠어요.”

“이렇게 비가 많이 오는데 어떻게 밖에 빨래를 널어요?”

“우리가 어젯밤에 기도했으니 하나님께서 비를 멈춰주실 거예요. 그러니 빨래를 모두 밖의 베란다에 널어야 해요.”

“그래도 그렇지 이렇게 비가 쏟아붓듯 내리는데 어떻게 밖에다 빨래를 널어요? ... 그래요 알았어요. 믿음으로 밖의 베란다에 널게요.”

아내는 장대비가 쏟아지는 가운데 밖의 베란다에 빨래를 널었다. 베란다 바깥쪽에는 유리창이 없었다. 마음속으로 “비가 멈추지 않으면 어떻게 하지?”하는 생각이 들었지만 무시하고 믿음의 말을 했다. 밖에 나가서 숙소를 바라보는데 우리 옆 방 베란다에 몇 장의 수건이 걸려있었다. 그 외에는 약 50개의 방 중, 다른 아무 데도 빨래가 널려 있지 않았다. 우리 방의 베란다에만 유난히 많은 빨래가 널려 있었다.

오전 11시 예배에 참석했다. 아내와 아이들과 함께 예배당의 중간쯤 되는 곳에 앉았다. 아내 옆에서 잠시 무릎을 꿇고 기도하는데 왠지 모르게 눈물이 나왔다. 기도가 깊어졌다. 회개도 나왔다. 더 기도하고 싶었는데 예배가 시작돼서 멈추었다. 찬양이 끝나고 설교 시간이 되어 인도자가 강사 목사님을 소개했다. 그때 성령께서 "이 예배가 끝날 즈음에 지금 내리는 비가 멈출 거란다."라고 하셨다. 그래서 옆에 있는 아내에게 "여보, 성령님께서 이 예배가 끝날 즈음에 지금 내리고 있는 비가 멈출 거라고 하세요."라고 했더니 믿기지 않는다는 표정을 지었다. 그래도 웃으면서 "아멘~"한다.

강사 목사님을 통해 선포되는 말씀에 은혜를 많이 받았다. 헌금을 드리고 통성기도에 들어갔다. 다들 뜨겁게 기도한다. 아내와 나도 받은 말씀을 붙들고 간절히 기도했다.

광고를 듣는데 예배 시작할 때 "이 예배가 끝날 즈음에 지금 내리는 비가 멈출 거란다"라는 말씀이 생각났다. 그래서 천정에 빗소리가 있는지 귀를 기울였다. 빗소리가 들리지 않았다. 창문 밖을 유심히 보니 빗줄기가 보이지 않았다. 도리어 환한 햇빛이 비취고 있었다. 놀랍고 감격스러워서 옆에 있는 아내에게 "여보, 비가 멈췄어요!"라고 했더니 믿지 않았다. 예배당 밖을 나와서 햇빛이 쨍쨍 비추는 것을 보고 그제서야 “어머머~ 정말 비가 멈췄네~!”하며 좋아한다.

Chapter 08

주님, 제 생명 가져가시고 우리 담임목사님 살려주세요

주님께 드리는 모든 기도가 다 귀하지만 중보기도는 더욱 소중하다. 십자가의 희생을 통해 죄인들을 구원하신 하나님의 사랑이 배어있기 때문이다. 중보기도자는 기도의 대상자를 위하여 기꺼이 헌신한다. 예수님처럼 또한 모세와 바울처럼 성령 안에서 자신의 생명까지도 기꺼이 내어놓는다. 주님은 내게 성령 안에서 생명을 내어드리는 기도를 할 수 있도록 기회를 주셨다.

담임목사님을 위해 기도하다

2006년이었다. 광고 시간에 담임목사님께서 병 치료와 관련하여 미국에 가신다고 한다. 목사님은 일주일에 두 번 투석을 받으셨다. 그러한 상태에서 왜 미국에 가시는지 알지 못했다. 가깝게 지내는 장로님들과 집사님들에게 물어보니 지금의 건강이 더욱 안 좋아져서 장기를 이식받아야만 하기에 가는 거라고 했다. 몇몇 분들은 안타까운 마음에 체념하듯 "이제 다시 강단에 서실 수 있겠어요? 이제 곧 돌아가신다고 봐야 할 것 같아요."라고 말했다. 그래서 담임목사님의 병환이 생각보다 깊다는 것을 알게 되었다.

담임목사님이 미국에 가신 지 한 달 정도 지난 새벽예배 때였다. 담당 목사님의 설교 후, 각자 개인 기도에 들어갔다. 항상 그렇듯이 먼저 나라를 위한 기도 후 담임목사님과 교회를 위해 기도했다. 그런데 그날 기도는 다른 날과 느낌이 좀 달랐다. 성령님의 임재가 더 강했다. 마음이 뜨거워지면서 담임목사님을 향한 긍휼이 올라왔다. 기도가 더욱 간절해졌다. 눈물이 하염없이 쏟아졌다.

"아버지 하나님, 담임목사님이 아파서 미국에 갔습니다. 얼마나 아프시고 고통스러우시겠어요. 불쌍히 여겨주세요. 고쳐주세요. 살려주세요. 아버지 하나님, 우리 담임목사님에게 있는 병을 제게 주시고, 제게 있는 건강을 담임목사님에게 주옵소서. 제 생명을 담임목사님에게 주시고 대신 저를 데려가 주세요. 아버지 하나님, 저는 비천한 자입니다. 하지만 우리 담임목사님은 교회에도 교계에도 나라에도 중요하신 분입니다. 목사님의 입에서 나오는 하나님의 말씀으로 인해 많은 성도님이 은혜를 받습니다. 힘을 얻습니다. 많은 사람을 옳은 데로 인도하고 있습니다. 복음을 위해 한국교회뿐만 아니라 세계적으로도 큰일을 하고 있습니다. 아버지 하나님, 우리 담임목사님 살려주시고 대신 저를 데려가 주세요. 목사님을 살려 주세요~"

이렇게 기도할 때, 마음 한쪽에서는 겁이 났다. "내가 이렇게 기도해서 하나님께서 정말 담임목사님을 살리시고 나를 데려가시면 어떻게 하나?" 하는 두려움이 있었다. 하지만 나보다 담임목사님이 사시는 것이 더 중요하게 여겨졌다. 그래서 곧바로 기도했다.

"아버지 하나님, 그래도 받아들이겠습니다! 우리 담임목사님 살려 주시고 대신 저의 생명을 가져가 주세요. 담임 목사님 살려주세요~"

그렇게 평소보다 긴 시간을 기도했다. 무릎을 꿇었던 의자에서 내려오는데 땀과 눈물과 콧물로 인해 옷과 의자가 흠뻑 젖어 있었다. 마음에 큰 평안함이 있었다.

담임목사님이 살아서 돌아오시다

그 일이 있은 어느 날 남성 중보기도 모임의 형제들이 어느 식당에 갔는데 미국에 계신 담임목사님의 건강 이야기가 나왔다. 한 집사님이 "이제는 돌아가시지 않겠어요? 못 돌아오실 것 같아요!"라고 하였다. 그 말을 듣는 순간 나도 모르게 내 눈이 식당의 천정을 향했다. 몇 장의 부적이 눈에 들어왔다. 그리고 며칠 전 새벽예배 때의 기도가 생각났다. 그리고 담대함이 임하면서 "담임목사님 돌아가시지 않을 것입니다! 하나님께서 건강한 모습으로 돌아오게 하실 것입니다. 그래서 하나님의 나라를 위해 계속 큰일을 하실 겁니다!"라고 말했다. 확신에 찬 말로 인해 집사님들은 더 이상 담임목사님의 건강에 대해 부정적인 말을 하지 못했다. 그리고 그 해의 12월에 담임목사님이 미국에서 건강한 모습으로 돌아오셨다. 그동안 목회를 하시며 성령님을 제한한 것에 대해서 회개하셨다. 그리고 성령 사역을 강조하셨다. 이어서 일본을 향한 큰 비전을 선포하셨다. 그때 시작된 일본 선교는 지금까지 계속되고 있다.

땅이 팔리도록 기도해주세요

위와 비슷한 사례가 같은 교회에서 또 한 번 있었다.

어느 날 주일 저녁 예배 때 색소폰을 연주하는 이 모 전도사님이 오셨다. 그때 우리 부부는 한 여집사님으로부터 한 가지 기도 부탁을 받은 상태였다. 집사님의 남편분이 곧 개발될 줄 알고 갖고 있던 모든 재산과 받을 수 있는 최대한의 대출을 받아 꽤 넓은 땅을 샀다. 그런데 몇 년이 지나도 개발이 이루어지지 않는 것이었다. 이로 인해 매달 받는 월급으로 이자를 내기에 급급했다. 설상가상으로 땅의 시세가 매입가보다 계속 떨어졌다. 집사님의 마음이 더욱 불안해졌다.

기도 부탁은 받았지만, 의무감에서 한두 번 기도할 뿐이었다. 집사님의 마음과 하나 되어 기도하지는 못했다. 내 마음 한 곳에는 금식하며 기도해야 하는 게 아닌가 하는 부담이 있었다. 바로 이때 이 모 전도사님이 강사로 오신 것이다. 전도사님은 색소폰 연주로 주님을 높이며 성도님들에게 큰 은혜와 감동을 주었다. "색소폰 하나로 이렇게 하나님께 영광을 돌리며 많은 사람의 마음을 주님께로 인도할 수 있구나."라는 생각에 감탄이 절로 나왔습니다. 나도 색소폰을 불 수 있었으면 좋겠다는 생각까지 했다.

그 예배의 자리에는 기도 부탁을 했던 집사님도 있었다. 전도사님은 몇 마디의 말씀을 한 후 연주를 다시 했다. 그런데 이번에는 강단에서 내려와서 몇몇 성도님들 앞에 다가가서 색소폰을 불었다. 연주하다가 잠깐 멈추고 바로 앞에 있는 성도님에게 "하나님께서 형제(자매)님을 사랑하십니다. 주님이 함께 하십니다" 등의 말로 위로와 축복의 말을 전했다.

그 말을 듣는 사람 중의 한 사람이 그 집사님이었다. "주님께서 자매님을 사랑하십니다. 주님의 위로가 자매님에게 있기를 바랍니다. 자매님을 축복합니다."라고 말하자 집사님이 많이 운다. 그 모습을 보는 내 마음에 집사님을 향한 긍휼이 올라왔다. 그래서 마음속으로 "주님, 만약 이 모 전도사님이 제게도 와서 색소폰을 불어주며 말씀해주시면 제가 집사님의 가정을 위해서 3일 동안 금식하며 기도하라는 확증으로 알겠습니다."라고 했다.

전도사님이 집사님을 지나고 또 한 성도님을 지나고 다음으로 내가 있는 주변으로 왔다. 긴장되었다. "설마~" 그런데 정말 내 앞에 멈춰서서 연주를 하는 것이었다. 그리고 "하나님께서 형제님을 아주 많이 사랑하세요. 주님께서 형제님을 통해 일하실 것입니다. 사랑하고 축복합니다"라고 했다. 그 말을 듣는 순간 내 얼굴이 빨갛게 익었다.

다음날부터 집사님의 가정을 위해서 3일 동안 금식기도를 했다. 금식이 끝난 바로 그다음 날 집사님으로부터 아내에게 연락이 왔다. 땅이 팔렸다고 한다. 그뿐 아니라 놀랍게도 손해를 전혀 보지 않은 금액으로 팔았다고 한다. 기뻤다. 예배 때 집사님의 밝은 얼굴을 보니 금식하며 기도한 보람을 느꼈다. 그리고 주님께 감사드렸다.

Chapter 09

사랑할 수 없는 사람을 사랑하려면

사랑할 수 없는 사람을 사랑하는 비결은 그 사람을 이해하는 것이다. 그때 그 사람을 사랑할 수 있다. 하지만 그것만으로 그 사람을 내 몸처럼, 주님께서 나를 사랑하신 것처럼 사랑할 수는 없다. 성령님으로 말미암은 주님의 사랑이 부어져야 한다. 성령님은 회개하는 자에게 임하신다. 교만은 줄어들게 하고 겸손을 증가시키는 것이 회개의 능력이다. 회개는 이기심을 작아지게 하고 이타심은 커지게 한다.

어떤 이는 회개하는 중에 자신의 죄악 된 성향 때문에 힘들어하고, 괴로워한다. 창자가 끊어질 듯한 고통으로 신음하기도 한다. 그러면서 영혼의 독소가 빠지고 하나님의 생명으로 가득 채워진다. 그 안에서 믿음과 소망과 사랑이 흘러나온다. 특히 영혼을 향한 긍휼이 차오른다. 사랑할 수 없다고 여겼던 그 사람을 사랑하는 마음이 올라온다. 그러한 상황에서 주님께서 하라고 하시는 것을 한다. 어색하고 겸연쩍기도 하지만 그래도 순종한다. 그때부터 그에게 놀라운 주님의 사랑이 부어진다. 그래서 내가 도저히 사랑할 수 없었던 그 사람을 온전히 사랑하게 된다. 단순한 이해에 기반한 사랑과 깊은 회개를 통한 사랑은 질적으로 다르다. 후자의 사랑이 순도가 높다. 주님의 성품과 숨결을 느끼게 한다. 하나님을 기쁘시게 할 뿐 아니라, 사랑의 대상들을 구원으로 인도한다. 천국 백성답게 살아가기 위하여 더욱 순종하는 삶을 산다(마 25:40,45, 눅6:32~33,36).

구더기로 가득한 방바닥

어느 여름이었다. 김재현 형제님이 잘 지내는지 살피기 위해서 문을 열고 부엌에 들어섰다. 첫 번째 방에 있는 냉장고 문이 열려 있었다. 구제단체에서 매주 가져오는 반찬을 꽉꽉 넣어서 냉장고 문이 닫히지 않았다. 평소에 형제님에게 버릴 것은 버리자고 했는데 완강하게 "그냥 둬유! 나중에 다 먹을 거예유"라고 하였다.

그런데 그날 큰 문제가 발생했다. 두 평 정도의 방바닥이 구더기들로 거의 꽉 찼다. 크고 작은 누런 구더기들이 꾸물꾸물 기어 다니고 있었다. 일부는 벽을 타고 올라가고 있었다. 무더운 날씨로 인해 빵빵하게 부풀어 오른 여러 개의 고기반찬 팩에서 계속 기어 나오고 있었다. 당황스럽고 난감했다. 어떻게 해야 할지 엄두가 나지 않았다.

이 사태를 수습할 사람이 나밖에 없다는 것을 알고 배에 힘을 힘껏 주었다. 바지를 걷어 올리고 쓰레받기와 걸레를 잡았다. 그리고 구더기들을 조금씩 쓸어 담았다. 공동화장실에 갖다 버리고 또 갖다 버리기를 한참 했다. 온몸이 땀으로 흠뻑 젖었다. 다 치우고 나서도 약간 찜찜함이 있었지만, 그래도 어렵고 힘든 일을 잘 처리한 것으로 인해 뿌듯함이 있었다. 그런데 왼쪽 종아리의 느낌이 이상하다. 봤더니 구더기 두 마리가 허벅지 쪽으로 기어 올라오고 있었다. 기겁하고 떨어버렸다.

주님과 형제님을 향해 불평할 수도 있는 상황이었다. 하지만 주님께서 나를 위해 흘리신 보혈을 생각하니 전혀 그런 마음이 들지 않았다. 오히려 형제님을 불쌍히 여기는 마음이 가득했다.

Chapter 10

교회 갈 거야 말 거야

중학교 1학년 때의 일이다. 토요일에 교회, 학생부 모임을 마치고 집에 왔다. 술을 좀 드신 아버지께서 내게 “석봉이 너 이리 좀 와라. 우리 집안은 전통적으로 불교인데, 너는 왜 다니지 말라고 하는 교회를 계속 다니느냐? 오늘 너와 단판을 벌여야겠다. 네가 교회를 다니지 않겠다고 하면 회초리를 들지 않을 것이고, 다니겠다고 하면 많이 맞을 줄 알아라. 앞으로 교회에 갈 거야 말 거야?”라고 하였다.

아버님의 말씀으로 인해 마음이 긴장되고 불안해졌다. 아버님은 큰 소리로 “교회에 갈 거야 말 거야?”라고 계속 물었다. 아무 대답도 하지 않았다. 할 수가 없었다. 교회에 가지 않겠다고 하면 맞지는 않겠지만, 그것은 곧 예수님을 부인하는 것으로 여겨졌다. 그래서 아무리 많이 맞더라도 심지어 맞다가 죽는 한이 있더라도 예수님을 부인하지 않겠다고 굳게 결심했다.

내가 아무 말도 하지 않자 아버님은 더 화가 났다. 안 되겠다 싶었는지 밖에 나가서 싸리나무 가지를 뭉치로 들고 오셨다. 나는 더 긴장되고 겁이 났다. 아버님은 계속 대답을 재촉했다. "너, 앞으로 교회 갈 거야 말 거야?" 그래도 나는 아무 말을 하지 않았다. 아무런 대답을 하지 않자 회초리를 들고 맨살의 종아리를 내리치기 시작했다. 한참을 그렇게 맞고 있는데 눈물이 나고 또 났다. 아파서 우는 것이 아니었다. 예수님을 사랑하는 마음 때문에 우는 눈물이었다. 그 눈물에는 "죽어도 예수님을 부인하지 않겠다"라고 하는 결연한 의지가 담겨있었다.

옆에서 이를 지켜보던 어머님은 맞고 있는 아들이 안쓰러워서 "석봉아, 교회 그만 나가겠다고 그래~"라고 하신다. 그 말을 받아들일 수 없어서 마음으로 밀어냈다. 어머니는 아버님에게도 "당신도 그만 하세요! 자기가 좋아서 다니겠다고 하는 것을 왜 못 가게 해요?"라고 했다.

회초리를 계속 맞아도 아무 대답이 없자 더 화가 난 아버지는 방법을 바꾸었다. 등하교 때 입는 교복을 가지고 따라 나오라고 하였다. 창고에 있는 석유통도 가져오라고 하였다. 나는 한 손에는 교복을 다른 손에는 석유통을 들고 아버님을 따라 공동쓰레기장으로 갔다. 그날따라 밤하늘이 달빛으로 인해 환했다. "교복을 바닥에 내려놔라." 옷을 바닥에 놓았다. "석유통 이리 줘." 석유통을 드렸다. 그러자 아버지는 석유통 뚜껑을 열고 교복에 석유를 콸콸 부었다. 그때 내 마음은 "정말 교복을 태우시면 어떻게 하지? 그러면 학교에 갈 수 없는데"라고 하며 더욱 긴장되고 애가 탔다. 아버지는 주머니에서 성냥을 꺼낸 후 성냥개비에 불을 붙였다. 그리고 나를 향해 엄한 목소리로 "너, 교회 갈 거야 말거야?"라고 하였다. 내가 아무 말이 없으면 교복에 불을 붙이겠다는 기세였다.

나는 그 상황에서 어떻게 해야 할지 몰랐다. 가슴이 미어터지는 듯했다. 다시 뜨거운 눈물이 쏟아졌다. 그 순간 아버지의 바지를 붙잡고 "아버지! 그러지 마세요."라고 말했으면 하는 생각이 들었다. 하지만 "내가 어떻게"라며 용기가 나지 않았다. 그런데 또다시 같은 생각이 강하게 들었다. 그래서 아버지의 발 앞에 무릎을 꿇고 아버지의 바지 끝을 붙잡고 "아버지, 그러지 마세요. 아버지 그러지 마세요."라고 울면서 말했다. 그런데 애원하듯 하는 내 말에 아버님이 내 손에서 발을 빼고 몸의 방향을 집으로 틀었다. 그리고 불붙은 성냥개비를 다른 곳으로 던지고 하늘을 쳐다보면서 큰 소리로 "어~ 허~!"하고 집으로 들어가셨다.

아버님이 집에 들어간 후, 공동쓰레기장에서 무릎을 꿇은 채 석유로 흠뻑 젖은 교복을 끌어 안고 울고 또 울었다. 그때 내 머리맡에 대형태극기가 접혀서 놓여 있었다. 교복을 들고 집주인 마당에 있는 수돗가로 갔다. 교복을 빠는데 자꾸만 눈물이 났다. 빨고 또 빨아도 교복에서 석유 냄새가 났다. 한 시간 정도를 빤 후, 빨랫줄에 널어놓고 방으로 들어갔다. 다들 곤하게 자고 있었다. 나도 한쪽에 누워서 잠을 잤다.

주일 아침이 되었다. 교회 가는 걸 아버지에게 들키면 혼날까 봐 파란색 작은 성경책을 겨드랑이에 끼워 넣었다. 조용히 작은 방문을 열고 큰 방을 거쳐 부엌문을 열었다. 앉아서 신발을 신으려 하는데 아버지가 "저 녀석 또 교회 가네"라고 하신다. 그런데 말의 어감이 어젯밤과는 사뭇 달랐다. 다정하고 부드러웠다. 아버지가 내게 "연보 돈 있냐?"라고 하신다. "괜찮아요"라고 했지만 "그래도 가져가"라고 하신다. 계속 사양하는데 계속 가져가라고 하시길래 어쩔 수 없이 받았다. 오십원짜리 동전 하나였다. "다녀오겠습니다"하고 교회로 향했다.

개천을 지나고 논두렁 길로 들어서서 뛰어가는데 큰 기쁨이 몰려왔다. 어젯밤에 예수님을 부인하지 않았던 것에 대한 감격이었다. 그리고 아버지로부터 받은 헌금 때문이었다. 교회에 다다랐을 때, 또다시 뜨거운 눈물이 흘러내렸다. "죽는 한이 있더라도 예수님을 부인하지 않을 거야"라고 다짐했다.

공교롭게도 그날은 어버이 주일이었다. 예배 시간에 목사님이 "주 안에서 네 부모에게 순종하라"(골3:20)라는 주제로 말씀을 전하셨다. 그리고 하나님 아버지의 말씀을 부모님의 말씀보다 우선으로 살라고 하신다. 그러면 가족 모두가 복을 받는다고 하셨다.

제2부

잃은 양을 만나서

Chapter 11

한 영혼을 향한 주님의 사랑과 열정

영혼 구원을 위한 합심 기도

계수동에서 나온 후에 있었던 일이다. 어느 주일 낮 예배를 마치고 기도실에서 각자의 기도 제목들을 내놓고 합심 기도를 했다. 그날따라 김 권사님이 강원도 강릉에 계시는 자기 아버지의 영혼 구원을 위한 기도 제목을 내놓았다. 권사님 아버지의 상태를 들으니 안타까운 마음이 올라왔다. 간절히 부르짖어 기도했다. 그 후로도 몇 번 권사님 아버지를 위해 합심하여 기도했다. 몇 주가 지난 2021년 8월 15일이었다. 주일 낮 예배를 마치고 성도님들과 교제를 나눌 때 김 권사님의 남편 유 집사님이 지난주에 장인어른을 뵙고 온 것에 대해서 말했다.

"목사님, 장인어른이 하나님에 대해서 마음이 많이 열려 있으세요. 아마도 아버님의 동생분과 자녀 중에서 예수 믿고 교회 다니는 가정은 다 잘 되는데, 믿지 않는 자녀와 손주들은 삶에 방황과 어려움이 계속되는 것에 영향을 받으신 것 같아요."

집사님의 얘기를 듣는데 권사님 아버지에게 가서 복음을 전해드려야겠다는 생각이 들었다. 그래서 다음날 권사님 아버지에게 가자고 했다. 권사님 아버지는 올해 82세이다. 어머니가 먼저 세상을 떠나고 아버지 홀로 농사를 지으면서 살고 계셨다. 고등학교 때 몇 번 교회를 나가신 것이 전부였다. 몸은 건강하신데 귀가 안 좋아서 듣는 것에 불편함이 있었다.

월요일 아침 일찍 우리 부부와 집사님 부부 넷이서 출발했다. 갈 때 권사님 아버지에게 드릴 선물을 가지고 갔다. 부천에서 강릉까지 5시간 정도 걸려서 도착했다. 권사님이 아버지에게 나와 아내를 소개했다. 인사를 드렸더니 반갑게 맞아 주었다.

집 안으로 들어가서 아내와 권사님은 식사를 준비했고 나와 집사님은 권사님 아버지와 함께 대화를 나누었다. 대화 가운데 집사님의 말대로 마음이 주님께 열려 있다는 것을 알 수 있었다. 식사 후, 차를 마실 때 신앙과 관련하여 좀 더 깊은 얘기를 나누었다. 아버님은 신앙과 관련하여 관심사가 세 가지 있었다. 첫째는, 죄에 대한 것이었다. 이제까지 살아오면서 죄를 많이 지었는데 어떻게 "나 같은 큰 죄인이 용서받을 수 있냐"는 것이었다. 둘째는 "이제까지 섬겨온 조상제사를 어떻게 하느냐"는 것이었다. 그러면서도 자신은 제사를 흔쾌히 내려놓을 수 있다고 하였다. 사실 권사님 아버지는 집안의 장손으로 오랜 세월 조상제사를 직접 주도해 오신 분인데 이런 말을 한다는 것 자체가 놀라웠다. 진정 하나님께서 주신 마음이 아니면 어떻게 저렇게 결단하실 수 있으실까 하는 생각이 들었다. 그런데 문제는 아버지를 따라 제사를 지내게 된 두 아들들이 계속 조상제사를 지내겠다고 하면 이를 어떻게 해야 하느냐는 것이었다.

셋째는, "나는 교회도 모르고 예배도 모르고 찬송도 성경도 아무것도 모르는데 내가 이 나이에 교회에 간들 누구에게 무엇을 어떻게 배울 수 있겠느냐는 것이었다.

권사님 아버지의 얘기를 듣는데 그분을 향한 주님의 손길을 느낄 수 있었다. 무엇보다도 자신의 죄를 깨닫고 돌이키고자 하는 모습이 귀하게 여겨졌다. 그리고 자녀와 손주들을 위한 사랑이 간절하다는 것을 알 수 있었다.

예수 그리스도의 복음을 전했다. 한참 동안 죄, 십자가와 부활, 회개와 믿음에 대해서 전했다. 그리고 나서 "아버님, 하나님의 아들 예수님을 아버님의 구세주요 주인으로 모셔들이시겠어요?"라고 물었다. 그러자 "모셔들이겠다"고 하였다. 그래서 그 자리에서 예수 그리스도를 영접하는 기도를 했다.

주님을 영접한 후 첫 예배를 드렸다. 찬송을 잘 따라 했다. 굵고 큰 목소리로 "아멘!"도 하셨다. 사도행전 16장 31절의 말씀을 전했다. 말씀을 마치자 "목사님, 이제 첫 번째 고민은 해결된 것 같습니다. 그런데 조상제사는 어떻게 해야 하나요?" 그래서 고린도전서 10장 14~22절 특별히 20절에 초점을 맞춰서 말씀을 나누었다. "무릇 이방인의 제사하는 것은 귀신에게 하는 것이요 하나님께 제사하는 것이 아니니 나는 너희가 귀신과 교제하는 자가 되기를 원하지 아니하노라."

말씀을 다 들은 후 "목사님, 저는 앞으로 제사를 지내지 않을 수 있습니다. 그런데 두 아들은 어떻게 해야 합니까?"라고 물었다. "두 아드님은 아직 예수님을 믿지 않으니 아버님이 예수님을 영접하게 된 과정을 얘기해 주면 될 겁니다"라고 말해주었다. 그리고 "이 시간 이후로 아버님이 제사 드리지 않고 하나님만을 잘 섬기면 아버님과 자녀분들 그리고 손주들에게 복이 임할 것입니다"라고 말해주었다.

영적 대청소

짐을 챙겨서 자리에서 일어서려고 하는데 아내가 "목사님, 아버님 집에 영적으로 안 좋은 것을 정리해드렸으면 좋겠어요."라고 했다. 그렇지 않아도 방에 들어올 때 문에 붙여놓은 여러 장의 부적이 마음에 거슬렸었다. 그러자고 했다. 그리고 권사님 아버지에게 집 안을 영적으로 청소했으면 좋겠으니 치울 것을 치우자고 했더니 흔쾌히 그러자고 하였다.

먼저 부적을 떼자고 하니 손수 물걸레와 끌을 가지고 떼어냈다. 그사이 아내와 권사님은 방에서 달마대사의 액자와 주문이 새겨져 있는 항아리를 가지고 나왔다. 권사님 아버지에게 이것들도 없앴으면 좋겠다고 하니 그렇게 하라고 하였다. 집사님이 들고 밖으로 나갔다. 거실 벽에 걸려있는 호랑이 자수 액자도 뗐으면 했는데 권사님 아버지에게 어떤 의미의 것인지 모르고 또 내가 지나치게 영적으로만 해석하려고 하는 것은 아닌지, 혹시 무례히 행하는 것이 될까 말하지 않았다. 그런데 호랑이 액자뿐 아니라 그 이상의 것들을 없애야 했다.

밤 8시 40분쯤 되었다. 아버님과 정겹게 인사를 나누고 강릉에서 부천으로 돌아왔다. 오는 길에 주님께서 행하신 일들로 인해 감사했다. 권사님 아버지를 위해 새벽마다 기도했다. 기도 중에 마음 깊은 곳에 근심과 애통함이 있었다. 무엇 때문인지 몰랐지만 뭔가 해결되어야 할 것이 있다는 것을 느꼈다. 아버님에 대한 마음이 더욱 깊어졌다. 앞으로 신앙생활을 함에 있어서 성경 찾는 것과 찬송 하는 것 그리고 기도하는 것 등에 관해 자세히 알려드려야겠다는 생각이 들었다. 그래서 아내와 함께 기독교 백화점에 가서 성경책과 성경과 찬송이 내장된 소형기기 그리고 예수님께서 어린 양을 안고 계신 그림 액자 등을 샀다.

8월 21일 토요일, 아침 일찍 아내와 권사님과 함께 다시 강릉으로 갔다. 도착하니 권사님 아버지는 일하러 가셔서 집에 없었다. 잠시 집을 한 바퀴 둘러봤다. 지난 월요일에 집사님이 내버렸던 달마대사 액자와 주문 항아리가 뒤뜰에 놓여 있었다. "저것들을 깨뜨리고 불태워야 할 텐데"라고 생각했다.

잠시 후에 권사님 아버지가 집에 왔다. 처음 뵈었을 때와 같이 우리를 반갑게 맞이해 주었다. 아내는 권사님과 함께 점심을 준비했다. 그 사이 아버님과 대화를 나누었다. 잠을 잘 주무시는지를 물어보았다. 뱀 꿈을 꾸었다고 하였다. 돌아가신 아버지가 나타나서 큰 뱀의 머리와 몸통 사이를 손으로 쥐고 있었다는 것이다. 꿈속에서 "아버지, 그 뱀만 쥐고 있으면 무슨 소용이 있어요? 곳곳에 뱀 구멍들이 있는데요"라고 했다고 하였다. 식사를 마친 후 넷이서 예배를 드렸다. 예배 중에 주님의 임재와 감동이 있었다. 모두에게 은혜가 충만히 임했다. 아버님은 들은 말씀과 기도에 "아멘!"으로 화답했다.

예배를 마친 후, 아버님에게 월요일에 버렸던 물건들을 함께 치우자고 했다. 주문이 적힌 항아리는 깨뜨리고 달마대사 액자는 불태우자고 했더니 그러자고 하였다. "제가 하는 것보다 아버님 손으로 직접 하시는 게 좋겠습니다"라고 했더니 "알겠다"고 하면서 항아리를 개천 옆에 있는 돌덩어리 위에다 힘있게 내동댕이쳤다. 항아리가 박살이 났다. 이어서 "목사님, 다른 것도 있는데, 한 번 봐주시죠"라고 해서 "예"하고 따라갔다. 1층 안쪽에 검은 고가구 위에 있는 항아리를 보이면서 "목사님, 이게 신주단지라는 건데 집사람이 살아있을 때부터 가지고 있던 겁니다."라고 하였다. 그래서 "그래요? 그러면 그것도 깨뜨리시죠?"라고 했더니 알겠다고 하면서 좀 전에 주문 항아리를 깨뜨린 것처럼 신주단지도 위에서 아래로 내동댕이치면서 박살을 냈다.

이어서 뜰에 있는 아궁이로 가더니 달마대사 액자에 불을 붙였다. 그 모습을 본 아내가 "목사님! 아버님이 제사할 때 사용했던 용품들도 태웠으면 좋겠어요." 옆에 계시던 권사님 아버지가 그 말을 듣고는 "그래요?" 하더니 집 2층으로 올라갔다. 우리 세 사람도 뒤따라 올라갔다. 병풍, 제기 세트, 위패 등 제사와 관련한 물품 모두를 아궁이로 가져갔다. 그리고 "아버님! 거실벽에 걸려있는 호랑이 자수 액자도 뗐으면 좋겠습니다."라고 하니 그러자고 하였다. 가지고 나와 모두 불에 태웠다. 나중에 권사님이 그 자수 액자에 대해서 말해주었다. "그 호랑이 자수 액자는 제가 어렸을 때 엄마와 함께 만든 것인데, 그때 엄마가 이것이 액운을 막아준다고 말했어요."라고 하였다. 악한 영이 합법적으로 들어올 수 있는 문을 차단한 것으로 잘 치웠다고 생각했다.

부천에서 가지고 간 성경 찬송가와 소형 녹음기기를 드리며 사용 방법을 알려드렸다. 호랑이 액자가 걸려있던 자리에 예수님께서 잃은 양을 안고 계시는 액자를 걸어드렸다. 한쪽에 십자가도 달아드렸다.

가까운 지역교회로 인도하다

권사님 아버지에게 인사를 드린 후, 주변에 다닐만한 교회

세 곳을 알아보았다. 그 중, 한 곳은 강원도 강릉에서 오랫동안 살았던 신대원 후배 목사님이 소개한 교회였다. 권사님 아버지가 가기에는 너무 멀다는 생각이 들었지만 그래도 한 번 가보고 싶었다. 교회에 도착하니 심방 전도사님이 우리를 반갑게 맞이해 주었다. 권사님 아버지가 다닐만한 교회를 찾다가 이곳에 오게 되었다고 하니 꼭 모시고 오라는 것이었다. 우리 세 사람 모두 이 교회로 인도했으면 너무 좋겠다는 마음이 들었다. 그래서 다음 주 토요일에 권사님 아버지를 모시고 한 번 더 오겠다고 했다. 그리고 다시 부천으로 돌아왔다.

권사님 아버지를 위해 새벽마다 계속 기도했다. 그런데 처음만큼은 아니지만, 아직도 마음속 깊은 곳에 근심과 애통함이 남아있었다. 하지만 무엇 때문인지 정확히 알 수 없었다. 권사님 아버지를 위해 3일간 금식기도를 해야겠다는 마음이 들었다. 수요일부터 금요일까지 기도를 잘 마쳤다. 그리고 권사님 아버지가 다녔으면 하는 교회에 연락했다. 토요일 낮 12시경에 권사님 아버지를 모시고 그 교회 담임목사님과 장로님 그리고 심방 전도사님과 함께 만나기로 약속했다.

8월 28일 토요일 아침 일찍 넷이서 다시 강릉을 향해 출발했다. 권사님 아버지와 그 교회의 목사님과 장로님 그리고 심방 전도사님에게 드릴 떡을 준비했다. 마치 사랑하는 딸을 시집보내는 심정이었다. 낮 12시경 도착했다. 권사님 아버지를 모시고 그 교회로 갔다. 담임목사님과 사모님 그리고 장로님과 심방 전도사님이 반갑게 맞아주었다. 최근 주님께서 권사님 아버지를 만나주신 과정을 얘기했다. 담임목사님께서 우리를 칭찬하면서 권사님 아버지를 그 교회의 성도로 받아주었다. 그리고 또래의 장로님들을 인사시켜주었다. 담임목사님은 권사님 아버지를 위한 차량 운행을 즉시 못하는 것을 미안해하였다. 하지만 감사하게도 권사님 아버지가 교회가 있는 지역을 훤히 알고 있었다. 그뿐 아니라 집 근처에서 10분이면 교회 앞까지 오는 버스가 있었다. 권사님 아버지는 교회 다니는 데 있어서 교통편이 문제 될 것이 없다고 하였다. 주님의 예비하심과 인도하심으로 인해 참 기쁘고 감사하고 감격했다.

돌아오는 길에 그 교회의 장로님이 식사하라고 준 돈으로 성경책을 넣을 수 있는 작은 가방을 사드렸다. 그리고 식당에서 식사한 후 집으로 돌아왔다. "아버님, 내일부터는 오늘 다녀온 교회에서 예배드리시면 돼요. 그리고 수요일 저녁예배도 빠지지 마시고 꼭 참석하세요"라고 말씀드리니 "예, 꼭 그렇게 하겠습니다"라고 하였다. 합심해서 권사님 아버지를 위해 기도하고 다시 부천으로 돌아왔다.

한 구절의 말씀을 지킬 수 있도록

권사님 아버지를 위해 계속해서 기도했다. 그리고 전화로 한 주에 한 번이나 두 번 안부를 묻고 기도해드렸다. 3주가 지났다. 딸인 권사님이 아버지를 위해 하루 금식을 했다. 권사님으로부터 자기 아버지가 9월 20일(화) 추석을 하루 앞두고 둘째 아들네에 간다는 얘기를 들었다. 가면 제사에 참여할 수도 있는데 걱정이 된다고 하였다. 그 말을 듣는데 "개가 그 토한 것을 도로 먹는 것 같이, 미련한 자는 그 미련한 것을 거듭해서 행하느니라"(잠26:11)는 말씀이 생각나면서 근심이 되었다.

다음날 권사님 아버지에게 전화해서 명절 일정을 물어보았다. 권사님 말대로 둘째 아들네에 가서 마지막으로 조상에게 인사를 드리고 오겠다는 것이다. 그래서 "아버님, 아들네에 가지 않으면 좋겠습니다. 추석 명절에 두 아들에게 아버님 집으로 오라고 하시면 좋겠습니다. '나는 이제 예수님을 믿으니 조상제사를 드리지 않는단다. 그러니 하려면 너희들끼리 하라'고 하시면 좋겠습니다."라고 말씀을 드렸더니 벌써 가기로 마음을 굳히셨다며 가야 한다고 하였다.

권사님 아버지가 아들네에 가기 전에 하나님의 말씀 "무릇 이방인이 제사하는 것이 귀신에게 하는 것이요 하나님께 제사하는 것이 아니니 나는 너희가 귀신과 교제하는 자가 되기를 원하지 아니하노라 너희가 주의 잔과 귀신의 잔을 겸하여 마시지 못하고 주의 식탁과 귀신의 식탁에 겸하여 참여하지 못하리라"(고전10:20-21)는 말씀에 순종하도록 돕기 위해 다시 한번 더 강릉에 다녀와야겠다고 결심을 했다.

그런데 다들 시간이 빠듯했다. 할 수 없이 9월 19일 주일 낮 예배를 마치고 가기로 했다. 나와 아내와 권사님 셋이서 갔다. 나의 권면과 아버님의 방침이 서로 부딪치는 상황에서의 심방이기에 심적 부담이 컸다. 자칫하면 앞으로 교회 다니지 않겠다고 할 수도 있는 상태였다.

저녁 7시쯤 도착했다. 아내와 권사님이 식사를 준비하는 동안 아버님과 대화를 나누었다. 지난 3주 동안 어떻게 지내셨는지, 매주 주일과 수요일 예배에 어떤 은혜를 받으셨는지 등을 물어보았다. 그러자 그간 있었던 일들을 이야기 해 주신다. 그러면서 두 가지의 고민을 말했다. 하나는, 귀가 안 좋아서 예배 때 목사님의 설교와 찬양이 들리지 않는다는 것이다. "웅~ 웅~" 하는 소리만 들리지 무슨 말씀인지 도무지 알아들을 수가 없다는 것이다. 들어야 신앙심이 생길 텐데 듣지 못하니 참 답답하다는 것이다. 둘째는, 첫 번째 문제로 인해 예배 참석에 대한 회의감과 신앙생활 자체에 대한 의구심이 든다는 것이다. "내가 너무 생각 없이 교회에 나가게 된 것 아닌가? 딸 아이의 말을 듣고 교회에 가긴 가는데 내가 잘하고 있는 것인가?"하는 생각이 든다고 하였다.

권사님 아버지가 하나님의 말씀을 듣고 싶은데 듣지 못하시는 것으로 인해 안쓰러웠다. 그래도 감사한 것은, 가까이에서 큰소리로 말씀을 전하면 들을 수 있었다. 핸드폰으로 통화할 때도 잘 들었다. 게다가 말씀을 받아들이고 그 말씀에 근거하여 믿음을 세워나갔다. 나는 권사님 아버지에게 첫 번째와 두 번째의 문제의 원인과 해결책에 대해서 말해주었다. 그리고 비슷한 상황에 있던 성도님들의 사례를 얘기해 주었다. 그랬더니 고개를 끄덕이면서 안심을 하였다.

저녁 식사를 마친 후 넷이서 예배를 드렸다. 찬송을 드린 후 권사님 아버지에게 베드로후서 2장 22절 말씀을 읽게 했다.

"참된 속담에 이르기를 개가 그 토하였던 것에 돌아가고 돼지가 씻었다가 더러운 구덩이에 도로 누웠다 하는 말이 그들에게 응하였도다"와 고린도전서 10장 19-22절 "그런즉 내가 무엇을 말하느냐 우상의 제물은 무엇이며 우상은 무엇이냐 무릇 이방인이 제사하는 것은 귀신에게 하는 것이요 하나님께 제사하는 것이 아니니 나는 너희가 귀신과 교제하는 자가 되기를 원하지 아니하노라 너희가 주의 잔과 귀신의 잔을 겸하여 마시지 못하고 주의 식탁과 귀신의 식탁에 겸하여 참여하지 못하리라 그러면 우리가 주를 노여워하시게 하겠느냐 우리가 주보다 강한 자냐."

그리고 두 개의 성경 구절을 중심으로 말씀을 전했더니 아버님은 진지하게 받아들였다. 그리고 그 말씀을 믿음으로 취하였다. 설교를 마치고 찬송과 합심 기도를 하였다. 주님의 임재 안에서 승리와 기쁨이 있었다. 예배를 마친 후, 추석 연휴에 둘째 아들네에 가는 것에 대해서 말을 꺼냈다. 나와 아내와 권사님은 가지 않으면 좋겠다고 했다. 권사님 아버지는 표까지 다 끊어놓았다고 하면서 "마지막으로 이번 명절에 가서 내가 어떻게 예수님을 믿게 되었는지를 말할 것입니다." 라고 하였다. 그 의지가 확고했다. 그래서 "아버님께서 그러한 뜻과 각오가 있으니 다녀와도 좋을 것 같습니다"라고 했다. "대신에 오늘 들으신 하나님 말씀대로 제사에는 참여하지 않으셨으면 합니다. 그렇게 하실 수 있으시겠어요?"라고 했더니 "예, 할 수 있습니다!"라고 하였다.

권사님 아버지의 확실한 대답을 들으니 안심이 됐다. 나머지는 주님께 맡기는 것 외에 방법이 없었다. 이것이 주님 앞에서 아버님을 위해 우리가 할 수 있는 최선이었다. "구원하심이 보좌에 앉으신 우리 하나님과 어린 양에게 있도다"(계 7:11) 이 말씀을 간절히 붙들며 아버님의 영혼을 주님께 의탁했다.

명절이 지난 후, 권사님을 통해서 아버님 소식을 들었다. 아들네에 가서 제사에 참여하지 않았다고 하였다. 그리고 두 아들에게 어떻게 예수님을 믿게 되었는지를 자세히 말했다고 하였다.

세례를 받다

권사님 아버지는 최근에 세례를 받았다. 바쁘신 와중에도 성경을 꾸준히 읽었다. 그리고 이제는 나라를 위해, 북한 구원을 위해, 섬기는 교회를 위해, 자녀와 후손들을 위해 기도하는 분이 되었다. 예배 시간에 찬송도 잘 따라 부른다. 집으로 돌아와서는 예배 때 드렸던 찬송을 소형반주기기를 틀어놓고 다시 부르기까지 하였다. 기도문도 손수 작성하여 기도하였다.

귀만 열리면 더할 나위 없이 좋겠다는 생각이 들었는데 감사하게도 성능 좋은 보청기를 찾았다. 기계음을 제대로 듣지 못하는 아쉬움은 있지만, 그래도 상대방과 대화에는 전혀 문제가 없었다. 보청기의 도움에 더해 신유 능력으로 설교를 듣는 어려움이 해소되기를 기도하였다.

권사님 아버지가 이 신앙에 이르기까지 부천에서 강원도 강릉까지 총 8번을 다녀왔다. 첫 번째 갈 때는 “우리가 무엇을 어떻게 할 수 있을까?” 하는 생각뿐이었다. 그런데 우리가 순종의 첫발을 내딛는 순간 “잃은 양을 향한 주님의 사랑과 열정”이 부어졌다. 그렇기에 한 영혼을 주님께로 인도할 수 있었다. 참으로 주님의 놀라운 은혜였다. 한 영혼을 위해 죽도록 충성할 수 있다는 것 자체가 너무 기쁘고 감사할 따름이다.

Chapter 12

고맙다 정말 고맙다

우리 아버지는 79세에 췌장암 말기 판정을 받은 후 2개월이 채 못되어 세상을 떠나셨다. 암 판정을 받기 오래전부터 기회 될 때마다 복음을 전했다. 하지만 받아들이지 않았다. 아버님이 얼마 살지 못한다는 말을 들었을 때, 내게 가장 큰 부담은 아버님의 영혼 구원이었다. "이대로 돌아가시면 지옥 가는데 어쩌지? 이제 얼마 남지 않은 시간 안에 천국과 지옥이 최종 결정되는데 어떻게 하나? 더군다나 지금도 주님을 거부하시는데 이를 어떻게 하나?" 하는 생각에 애가 탔다.

부천에서 서울 아산병원까지 거의 매일 아버지에게 갔다. 갈 때마다 복음을 전했다. 하지만 받아들이지 않았다.

예수 믿으라는 말이 나오냐?

아버님이 병원에서 집으로 돌아왔다. 침대에 앉아 계실 때, 또다시 간곡하게 복음을 전했다. 그때 아버님은 내게 "야 임마! 너는 내가 암 병에 걸려 죽게 생겼고 이렇게 아파서 괴로운데 예수 믿으라는 말이 나오냐? 어떻게 그런 말을 하니?"라고 하면서 화를 냈다. 고통 가운데 있는 아버지를 더 힘들게 하는 것 같아서 "아버지, 그래도 예수님 믿고 천국

가셔야 해요"라는 말 외에 더 이상의 말을 할 수 없었다.

그즈음에 미국에 사시는 둘째 고모님이 사촌 누님들과 함께 마지막으로 아버지를 보기 위해서 집에 왔다. 고모님과 사촌 누님들도 예수님의 사랑으로 복음을 전해주었다. 그래도 아버지는 받아들이지 않았다. 고모님과 누님들에게 정말 고맙고 미안했다. 그러던 어느 날 아버지를 뵙고 부천 집으로 돌아오는데 비가 내렸다. 온수역에서 버스를 타고 맨 앞자리 앉아 아버지를 위해 간절한 마음으로 기도했다.

"주님, 저희 아버지 어떻게 해요? 시간이 얼마 남지 않았는데요. 이대로 지옥 가면 안 되는데요. 아버지를 구원해주세요."

기도 후에, 매주 3일씩 네 번을 아버지의 영혼 구원을 위해 금식해야겠다는 생각이 들었다. 주님을 의지하는 것 외에는 방법이 없었다. "구원하심이 보좌에 앉으신 우리 하나님과 어린 양에게 있도다"(계7:10)

매주 3일씩 금식하며 기도했다. 마지막 넷째 주 3일째 되던 점심때 서울 집에 왔는데 아버지가 혼수상태에 빠졌다. 혀가 말리고 눈이 감기고 의식이 없었다. 급하게 구급차를 불러 아산병원으로 옮겼다. 하지만 당시 전염병인 사스(SAIS)로 인해 받아주지 않았다. 그래서 좀 더 작은 혜민병원으로 옮겼다. 담당 의사는 아버지의 상태를 보고 앞으로 몇 시간을 못 넘길 거니 임종을 준비하라고 하였다. 그 말을 듣는데 "이대로 돌아가시면 지옥 가는데 어떻게 하지?"하는 마음에 가슴이 철렁 내려앉았다.

임종하는 그 순간까지 복음을 전하다

그래도 "숨을 거두기 직전까지 귀는 살아있으니 생명이 끊어지는 그 순간까지 복음을 전해야겠다"라고 다짐했다. 눈은 감긴 상태였지만 맥박은 뛰고 있었다. 누워계신 아버지 옆에 어머니, 작은 아버지, 작은 어머니, 형과 누나 그리고 동생들, 저와 아내가 교대로 자리를 지켰다. 감사하게도 몇 시간 후에 임종할 수 있다고 했던 의사의 말보다 좀 더 살아계셨다. 나와 아내는 기회가 될 때마다 수시로 아버지의 귀에다 대고 큰 소리로 복음을 전했다.

"아버지! 하나님께서 아버지를 사랑하세요. 아버지를 구원하시길 원하세요. 아버지! 말을 할 수는 없겠지만 마음으로 예수님을 모셔 들이세요! 하나님의 아들 예수님께서 아버지를 위해 십자가에서 죽으시고 부활하셨어요. 예수님을 받아들이시면 영생을 얻을 수 있어요! 이제까지 살아오시면서 하나님과 사람들에게 잘못했다고 여겨지는 죄들을 용서해 달라고 하세요. 혹시 아버지를 힘들게 했거나 상처를 준 사람이 있거든 용서하세요. 아버지! 예수님의 이름을 부르세요. 누구든지 주의 이름을 부르는 자는 구원을 얻는다고 하셨어요. '아버지~ 예수님~' 하고 부르세요. 그리고 '예수님, 저를 도와주세요. 저를 구원해주세요'라고 말하세요. 아버지, 예수님을 따라가세요. 빛을 따라가세요. 천하 인간에게 구원을 얻을 만한 이름을 주신 일이 없다고 하셨어요. 석가나 공자나 맹자나 세상에 그 어떤 이름도 아버지를 구원할 수 없어요. 오직 예수님만이 아버지를 천국으로 인도하실 수 있어요. 아버지! 예수님을 따라가셔야 해요"라고 복음을 전했다. 옆에 믿지 않는 가족들이 어떻게 생각하든 아버지가 천국에 가셔야 하고 지옥에 가시면 절대 안 된다는 절박감에 더욱 용기를 내어 전했다. 계속 전했다. 그리고 틈나는 대로 요한계시록 7장 10절의 말씀에 의지하여 기도했다.

"주님, 구원은 아버지 하나님과 어린 양 예수 그리스도께 있습니다. 영생은 주님이 주시는 것입니다. 저희 아버지 불쌍히 여겨주셔서 꼭 구원해주세요. 천국에 갈 수 있도록 자비와 은혜를 베풀어주세요."

병원에 들어온 후 밤을 꼬박 새고 아침을 맞이했다. 의사 선생님은 금방 돌아가시지는 않을 것 같다고 고쳐 말했다. 그래서 작은 아버지와 작은 어머니 그리고 형은 집에 가서 좀 쉬기로 하고 어머니와 누나 그리고 바로 아래 동생과 내가 아내가 자리를 지켰다. 형제들이 간단히 점심을 먹자고 해서 식당에 갔다. 어머니와 아내가 아버지 곁을 지키고 있었다. 식사 중에 아내로부터 전화가 왔다. 방금 간호사가 다녀갔는데 곧 운명하실 것 같다는 것이다. 서둘러 병실로 올라갔다. 간호사가 분주히 움직였다. 맥박의 파고가 점점 약해졌다. 또다시 애끓는 마음으로 아버지의 귀에다 대고 간절하게 복음을 전했다. 바로 그때 아버지가 힘을 내어 입을 크게 벌렸다. 아내는 놀라서 "아버님이 뭔가 말씀하시려나 봐요!"라고 하였다. 잠시 후, 아버지의 호흡이 끊어졌다. 아버지는 예수님을 영접하고 천국에 가셨다. 가시면서 세 번씩이나 "고맙다 정~말 고맙다"라고 하였다. 이로 인해 나는 평소에 아무리 강하게 복음을 거부하더라도 숨을 거두는 마지막 그 순간까지 복음을 전해야 하는 이유를 알게 되었다.

Chapter 13

사랑의 스카프

나는 일곱 살부터 교회를 다녔다. 동네 '철이'형을 따라간 것이 계기가 되었다. 주일학교 선생님은 주일마다 선물을 주었다. 교회에 또래의 아이들이 많았다. 맛있는 것도 먹고 성경 영화도 보았다. 그 영화에서 가장 인상 깊었던 것은 예수님께서 흰옷을 입고 서 계실 때 밝은 빛이 비취는 장면이었다.

교회를 다니면서 무엇보다 좋았던 것은 우리 반 담당 선생님이 매우 예쁘셨다는 것이다. 나는 얼굴이 까무잡잡한 시골 아이라서 선생님 앞에서는 수줍어서 고개를 들지 못했다. 분반 공부를 할 때, 아이들의 이름을 한 명 한 명 불렀는데 내 차례가 오면 긴장되고 떨렸다. 하지만 큰 소리로 대답했다. 그러고 나면 기분이 좋았다. 선생님은 모두를 다정하고 따뜻한 마음으로 대해 주었다.

교회가 좋아서 여름성경학교 새벽예배에도 갔다. 그 시절 새벽예배 때는 교회에서 종소리가 울려 퍼졌다. 땡그랑 땡그랑 소리에 벌떡 일어나서 교회까지 달려갔다. 새벽의 신선한 공기와 예배당에서 느껴지는 그 평안함이 참 좋았다. 출석할 때마다 출석 카드에 도장을 찍어주었다. 예배를 마치면 빈칸들이 채워지는 것으로 인해 뿌듯함이 있었다. 늦잠을 자서 하루 빠진 적도 있었지만, 그토록 갖고 싶었던 스케치북을 선물로 받기도 했다.

지금도 잊히지 않는 아름다운 사건 하나가 있다. 봄이었다. 교회에서 소풍 간다고 광고를 했다. 난생처음으로 가는 소풍이기에 마음이 많이 설렜다. 늦은 시간까지 일하고 집에 돌아온 어머니에게 "엄마, 나 소풍 간다. 교회에서 소풍가. 김밥 싸줘."라고 말하니 어머니는 알았다고 하였다.

소풍 가는 하루 전날이 되었다. 어머니가 다른 날보다 좀 일찍 와서 김밥을 싸 주실 줄 알았는데, 그 날따라 더 늦은 시간에 집에 오셨다. 나는 어머니가 온 줄도 모르고 먼저 잠이 들었다. 다음날 교회 종소리를 듣고 잠이 깼다. 늦었다는 생각에 마음이 조급해졌다. 어머니는 피곤한 듯 계속 주무셨다. 김밥을 싸가고 싶었는데 싸갈 수 있는 상황이 아니어서 형의 납작한 양은 도시락(당시에는 '밴또'라고 불렀다)을 꺼냈다. 밥통을 열어서 두꺼운 누룽지 밥을 퍼서 도시락에 담았다. 한쪽 작은 칸에 반찬을 담아야 하는데, 딱히 담을 음식이 없었다. 그때 작은 항아리가 눈에 들어왔다. 뚜껑을 여니 쉰내가 확 풍긴다. 파김치 항아리인데 국물만 있고 파는 몇 가닥 없었다. 그것을 건져서 넣고 국물도 두 국자 퍼서 담았다. 보자기에 싸서 가져가고 싶었는데 보이지 않았다. 그래서 옆에 있는 누런 신문지로 도시락을 둘둘 말았다.

교회 종소리가 멈췄다. 마음이 다급해졌다. 신문지로 싼 도시락을 겨드랑이에 끼고 뛰었다. 소똥이 떨어져 있는 도로를 이리저리 피하며 달렸다. 넓은 논이 펼쳐져 있는 곳 너머로 교회 입구 쪽을 보니 벌써 아이들이 줄지어 나오고 있었다. 늦었다 싶은 생각에 마음이 더욱 급해졌다. 더 힘껏 달렸다. 거의 다 왔다. 백 미터 정도 남았을 때 우리 반 선생님이 뛰어오는 나를 보고 "석봉아, 어서 와~"하였다. 선생님을 향해 더 힘있게 뛰어갔다. 선생님 앞에 멈춰 섰다. 선생님은 머리에 예쁜 스카프를 하고 계셨다. 선생님 앞에서 나는 쑥스러워 고개를 들지 못했다.

그런데, 그 순간 내 몸에서 이상한 냄새가 났다. 도시락에서 풍기는 쉰 파김치 냄새였다. 고개를 돌려 겨드랑이에 낀 도시락을 보니 국물이 흘러서 신문지 일부는 떨어져 나갔고, 남아있는 것은 너덜너덜해진 상태였다. 옷도 김칫국물에 젖어 있었다. 정말 쥐구멍이라도 있으면 들어가고 싶은 심정이었다. 부끄럽고 창피해서 정말 몸 둘 바를 몰랐다.

선생님이 "석봉아, 어서 와. 열심히 달려왔구나." 선생님의 부드럽고 따스한 말에도 아무 말도 못하고 고개만 숙이고 있었다. 그런 내게 "석봉아, 선생님에게 도시락을 건네줄 수 있겠니?"라고 하였다. 나는 속으로 "이렇게 냄새나는 도시락을 어떻게 선생님에게 드려요"라고 하는데 선생님의 손이 부드럽게 내 도시락을 잡았다. 그때 잠깐 고개를 들고 선생님의 모습을 보았다. 환하게 웃으며 내 도시락에 묻어있는 김치국물을 닦아내고 있었다. 그리고 머리에 쓰고 있던 그 곱고 예쁜 스카프를 풀어서 그 냄새 풀풀 나는 도시락을 싸서 묶었다. 그리고 "석봉아, 선생님이 석봉이 도시락 들고 갈게~"하셨다. "예~"하고 선생님과 함께 가는데 너무 죄송해서 어찌할 바를 몰랐다. 태어나서 처음 간 이 소풍은 내 인생에서 영원히 못 잊을 아름다운 추억이 되었다.

주님을 인격적으로 만난 후 어느 날, 그때의 그 소풍이 생각났다. 선생님을 꼭 한번 만나 뵙고 싶었다. 교회를 찾아갔다. 교회가 새롭게 지어졌고 아는 사람이 전혀 없었다. 너무 아쉬웠다. 앞으로 기회가 있을지 모르겠지만 아마도 이 땅에서는 못 뵐 것 같다. 천국에서 뵈면 "선생님, 그때 그 고귀한 사랑으로 인해 너무 감사했습니다. 평생 잊을 수 없었습니다. 그 사랑이 되새김 될 때마다 큰 힘이 되었습니다."라고 말씀드리고 싶다.

선생님으로부터 받은 사랑을 실천하면서 살아야 하는데 자신만을 위한 삶을 사는 것 같아 부끄럽다. 죄송한 마음이 든다. "나는 선생님을 비롯해 주변의 형제자매들에게 사랑의 빚을 많이 진 자인데 언제 그 빚을 다 갚나"하고 생각할 때가 있다.

Chapter 14

거듭남

27살 되던 해 봄이었다. 군대를 갔다 온 후, 한동안 방황과 방탕한 삶을 살았다. 두 번째 직장을 내려놓은 후 집에만 있었다. 부모님은 집에만 있는 내가 안쓰러우셨는지 바람이라도 쐴 겸 부모님 대신 사촌 형님의 결혼식에 다녀오라고 하였다. 예식장이 전라남도 광주였다. 집에만 틀어박혀 있는 것보다 낫겠다 싶어 다녀오겠다고 했다.

고속버스 안에서 주님을 만나다

순창행 고속버스를 탔다. 강남고속버스터미날을 출발한 버스는 용인을 지나 대전을 향하고 있었다. 차창 밖으로 드문드문 보이는 시골 풍경이 좋았다. 추운 겨울을 지낸 대지 위에는 김이 모락모락 올라왔다. 조금 더 지나니 군데군데 풀밭도 보였다. 간혹 냇가도 강도 눈에 들어왔다. 초가집들은 시골 사람들의 후덕하고 훈훈한 마음을 느끼게 했다. 가슴이 트이는 것 같았다. "사람들이 이런 맛에 여행을 하나 보다" 라고 생각했다.

달리는 차 안에서 밖의 풍경을 즐기며 낮은 목소리로 흥얼거렸다. 다니던 회사에서 모 대학의 일본어 교수가 와서 직원들을 대상으로 일본어를 가르쳐주었다. 그때 배운 일본 노래 "빙우(히사메)"를 부르며 차창 밖을 바라보았다. 어렸을 때부터 지금까지 살아온 삶이 주마등처럼 지나갔다. 그런데 왠지 모르게 속에서부터 울컥울컥 눈물이 나기 시작했다. 그러더니 계속 눈물 콧물이 쏟아졌다. 내가 앉은 자리는 운전석 바로 뒤 두 번째 좌석이었다. 승객은 나를 포함하여 대여섯 명 정도였다. 계속 쏟아지는 눈물을 주체할 수가 없었다. "운전기사가 백미러로 이런 나의 모습을 보면 어떻게 하지?" "주위에 앉아 있는 사람들이 남자인 내가 이렇게 울고 있는 모습을 보면 어떻게 하지?" 눈물과 콧물을 훔치며 울지 않으려 하는데 이상하게 자꾸만 눈물이 났다. 계속 눈물이 쏟아졌다.

그렇게 고속버스 안에서 한참을 울고 있었다. 그런데 "일의 결국을 다 들었으니 하나님을 경외하고 그 명령을 지킬지어다 이것이 모든 사람의 본분이니라"(전12:13)는 말씀이 생각났다. 하나님의 말씀인 것은 분명한데 어떤 책에 기록되어 있는 말씀인지 몰랐다. 말씀이 깊이 생각되면서 더욱더 눈물이 쏟아졌다. 그렇게 한참을 울고 또 울다가 어느 정도 진정되었다. 그러면서 "오늘 참 이상하다. 내가 왜 이렇게 많이 울었지? 그리고 아까 그 말씀은 무슨 의미의 말씀이지?"라는 생각을 했다. 고속버스가 목적지에 도착했다. 버스를 탈 때의 마음과 내릴 때의 마음이 너무 달랐다.

결혼식을 마치고 친척분들과 인사를 나눈 후, 서울로 올라가려고 할 때 사촌 누님과 매형이 차를 태워주겠다고 했다. 그런데 혼자 올라가고 싶어서 양해를 구했다. 다시 고속버스를 탔다. 차창을 바라보며 내려올 때 있었던 일을 생각했다. "일의 결국을 다 들었으니 하나님을 경외하고 그 명령을 지킬찌어다 이것이 사람의 본분이니라"(전12:13)의 말씀을 다시 생각했다. 어렸을 때부터 최근까지 지었던 죄들이 낱낱이 떠오르며 다시 눈물이 쏟아졌다. 죄로 인한 두려움을 느꼈다. "이렇게 살다가 죽으면 지옥에 떨어지겠구나!"라는 생각을 했다.

죄를 고백했다. "하나님! 제가 잘못했습니다. 하나님! 제가 잘못했습니다." 이렇게 회개할 때, 뜨거운 눈물과 통곡이 나왔다. 고속버스터미널에 도착할 때까지 회개하고 또 회개하였다. 그리고 "다시는 이전과 같은 삶을 살지 않으리!"라고 굳게 결심했다. 집에 도착하여 결혼식과 관련하여 부모님과 대화를 나눈 후, 내 방으로 들어갔다. 그리고 차 안에서 있었던 일들을 다시 생각했다.

모든 것이 새로워진 삶

주일이 되었다. 다른 때와 마찬가지로 교회에 갔다. 집에서 교회까지 가려면 버스에서 내린 후 약 20분 정도 걸어가야 했다. 그날따라 예배에 늦으면 안 된다는 마음이 있었다. 예배 시작 전에 도착했다. 맨 뒤에 있는 의자에 앉았다. 모든 것이 지난주와 똑같은 상태에서 예배를 드렸는데 희한한 것은 내 마음이 지난주와는 너무 달랐다는 것이다. 평안함이 있었고 하나님에 대한 경외감이 있었다. 전에는 목사님께서 설교를 시작하면 끝날 때까지 졸거나 잤다. 그런데 그날부터는 목사님이 전하는 하나님의 말씀이 마음에 와닿고 믿어졌다. 심령에 뜨거움이 느껴져서 마음속으로 "아멘! 아멘!"했다. 2주 정도 지나서는 목사님의 입에서 선포되는 말씀에 너무 은혜와 감동이 되어서 소리를 내어 "아멘! 아멘!"했다.

예배가 너무 좋았다. 주일 낮 예배와 저녁 예배 그리고 새벽예배와 수요예배뿐 아니라 금요예배에까지 빠짐없이 참석했다. 모든 예배가 즐겁고 행복했다. 특이하게 말씀을 들을 때도, 찬송을 부를 때도, 기도할 때도, 성경을 읽을 때도, 길을 걸어갈 때도, 버스 안에서도 누군가와 대화를 나눌 때도, 예수님의 이름만 들어도 그 은혜와 사랑 때문에 눈물을 쏟았다. 수도꼭지를 틀면 물이 쏟아지듯이 한동안 그렇게 많은 눈물을 흘렸다. 나 같은 죄인을 위해 십자가에서 죽으시고, 부활하신 예수님을 생각할 때마다 그토록 감사했다. "나의 남은 생애 주님을 위해 살다가 천국 가야지."하고 다짐하고 또 다짐했다.

주님을 만나서 거듭났지만, 겉으로는 변한 것이 없었다. 그대로였다. 하지만 마음에는 이전에 결코 느끼지 못했던 자유와 평안과 확신과 여유와 기쁨이 넘쳐났다.

어느 날 서울 송파구 마천동에서 길동으로 걸어갈 때, 푸른 하늘 아래 피어있는 길가의 코스모스가 너무 아름답게 보였다. 하늘과 꽃들을 향해 말을 걸었다. "하나님께서 지으신 너희들의 모습이 참 아름답구나." 그때 어디서 불어온 바람인지는 몰라도 코스모스꽃들이 좌우로 살랑살랑 흔들렸다. 마치 "석봉아, 너도 아름다워"라고 말하는 것으로 들렸다. 나도 "너희들도 우리를 지으시고 구원하신 예수님을 영원히 찬양하자"라고 말했다. 모든 믿는 자들이 그렇겠지만 내 생애에 있어서 가장 행복했던 시기는 주님을 처음 만났을 때였다. 그리고 그 주님과 깊은 사랑에 빠졌을 때였다.

Chapter 15

세 번째 이단에서 나오다

이단에서 이단으로 옮겨가다

전도 대상자 중에 김미선 할머니가 계셨다. 55년 전에 시골에서 남편과 함께 어린아이들을 데리고 신앙촌 계수동으로 왔다. 그때는 박태선 장로가 변질이 되기 전이었다. 엄청난 기적이 많이 일어났다고 한다. 그러다가 그가 스스로 높여 자기가 하나님이라고 한 이후부터 많은 사람이 신앙촌을 떠났다. 그때 할머니도 나왔다.

신앙촌을 떠난 것은 잘했는데, 그다음에 간 곳이 조희성의 영생교였다. 어느 날 그곳 집회를 마치고 집에 오는 길에 힘들어서 길가에 앉아 있는데 차 한 대가 할머니 옆으로 오더란다. 젊은 남자가 내리더니 "할머니! 어디 가세요? 제가 집까지 모셔다드릴까요?" 하더란다. 할머니는 젊은이가 친절하게 대해 주기에 "하나님께서 도와주시는가 보다" 하고 덥석 그 차를 탔다. 그런데 도움을 준 젊은 남자는 여호와증인이었다. 그 이후로 할머니는 한동안 그곳을 다녔고 그곳 사람들과 어울렸다.

우리가 할머니를 처음 만났을 때 여호와증인에 다니는지 몰랐다. 그저 할머니를 불쌍히 여기는 마음으로 도왔다. 두세 번 예수님과 교회를 알렸다. 경계하는 모습이었지만 거부하지는 않았다. 어느 날은 방 안에 들어가 보고 싶었다. "할머니, 들어가도 돼요?"라고 하니 들어오라고 했다. 아내와 함께 들어가서 이런저런 얘기 끝에 복음을 전했다. 할머니는 본인이 다니는 성당에서 신부님이 와서 예배를 드린다고 했다. 그래서 하나교회에 오라고 강권하지 않았다. 그 후로는 구제물품만을 전하고 안부만 여쭈었다.

그러던 어느 날이었다. 아내와 함께 갔는데 할머니가 필요한 것이 있으니 좀 구해줄 수 있냐고 하였다. 그런 부탁을 하는 할머니가 도리어 고마웠다. "할머니, 저희가 당연히 도와드려야지요! 뭘 사다 드릴까요?"라고 했더니 설탕, 밀가루, 성냥, 모기향을 사달라고 했다. 알겠다고 하고 물품을 준비해서 다시 찾아갔다. 물건을 건네니 할머니가 물건값을 주었다. 괜찮다고 해도 아주 완강하게 돈을 주었다. 아내가 "할머님이 그렇게 하는 것이 편하시면 그렇게 하세요"라고 했더니 할머니가 그렇다고 해서 물건값을 받았다.

그리고 또 한 번 필요한 물품을 구해달라고 해서 물품을 사서 할머니 집에 갔다. 고마웠는지 방으로 들어오라고 해서 아내와 함께 들어갔다. 커피를 한 잔 주었다. 차를 마시면서 이런저런 대화를 나누었다. 그러다가 내가 "할머니, 요즘에도 신부님이 오셔서 예배를 드리세요?"라고 물으니 "이젠 안 와"라고 하였다. 그 대답을 듣는 순간 할머니를 교회로 인도할 기회가 왔다고 여겨져서 "그러면 할머니, 저희 교회에 나오셔서 함께 예배드려요" 했더니, 할머니는 "나 교회에 안가. 나 여호와증인에 다녀."라고 하는 겁니다. 왕국회관에 다니는 것을 숨기기 위해 가톨릭 신자인 것처럼 말한 것이다.

놀라고 긴장됐다. 다시 예수님이 누구신지, 왜 예수님을 믿어야 하는지에 대해서 말했다. 그랬더니 할머니가 확신에 찬 어조로 여호와증인에 대해서 말했다. 여호와 증인들이 교회 사람들보다 더 친절하고 더 잘 대해 준다는 것이다. 그러면서 교회를 비판하였다. 서로 약간의 논쟁이 오고 가다가 내가 "할머니, 성경에서 말하는 예수님을 믿어야 천국 가는 거예요"라고 했더니, 할머니가 "자기들도 성경이 있다"고 하였다. 깜짝 놀라서 "성경이 있다고요? 한 번 보여주세요"라고 하니 여호와 증인들이 보는 책을 꺼냈다. 성경과 어떤 차이가 있는지 확인해서 알려드려야겠다 싶어서 "할머니, 이 책 좀 빌려줄 수 있어요? 제가 가지고 있는 성경과 할머니가 보는 이 책이 어떻게 다른지 확인하려고요. 일주일 후에 돌려드릴게요" 했더니 좀 망설이다가 그러라고 하였다.

집에 와서 먼저 여호와증인의 잘못된 교리와 주장들에 대한 관련 자료들을 찾아보았다. 그리고 우리의 성경과 그들의 책 사이에 다른 점이 무언지, 중요 구절들을 중심으로 비교해 보았다. 그리고 무엇에 집중하여 설득할지를 정했다. 할머니를 다시 만나기 전에 하나님이 사도 바울을 통해 "이단에

속한 사람을 한두 번 훈계한 후 멀리하라"(딛 3:10)고 하신 말씀 그대로 해야겠다고 결심했다. 할머니가 복음을 받아들이지 않을 것을 대비해서 최후 수단으로 성경을 사서 드리기로 했다. 나머지는 주님께 맡기기로 했다.

바퀴벌레

할머니와 약속한 날이 되었다. 새벽예배 설교를 하고 기도까지 마쳤다. 그날따라 기도가 좀 길어졌다. 날이 환하게 밝아서 창문으로 햇빛이 들어왔다. 우연히 강단 옆 바닥을 내려다보는데 큰 바퀴벌레 한 마리가 뒤집혀서 여러 개의 발을 위로 향하고 있었다. 이상하다는 생각이 들었다. "어떻게 음지에 사는 발 빠른 바퀴벌레가 밝은 곳에 뒤집혀있지?" 발버둥치는 모습이 빨리 죽여달라는 것으로 여겨졌다. 신고 있던 슬리퍼를 벗어서 바퀴벌레를 향해 힘껏 내리쳤다.

집으로 가면서 "참 이상하네~ 어떻게 바퀴벌레가 내 앞에서 뒤집혀있었지? 혹시 주님께서 그렇게 하신 건 아닐까?" 하는 생각을 했다. 그리고 "오늘은 할머니에게 성경을 사드리고 마지막으로 복음을 전하는 날이야. 만일 받아들이지 않으면 두 번 다시 가지 않을거야. 말씀대로 해야지."라고 스스로에게 말했다.

저녁 8시 30분쯤에 혼자서 할머니 집에 갔다. 문 앞에서 "할머니~"하고 불렀는데 인기척이 없었다. 다시 "할머니~"하고 불렀는데 아무런 소리가 들리지 않았다. 전에도 주무실 때가 자주 있었다. 문을 열고 보니 주무시고 계셨다. 더 큰 소리로 "할머니~!"하고 부르니 눈을 떴다. 다가가서 내가 먼저 말 문을 열었습니다. "할머니, 지난 한 주간 동안 여호와증인에 대해서 알아봤어요. 그리고 제가 가지고 있는 성경과 할머니께서 빌려주신 책을 비교해 봤어요."라고 한 후, 성경과 그 책의 차이점을 조목조목 알려주었다. 하지만 할머니는 내 말의 어떤 것도 받아들이려 하지 않았다. 오히려 이전에 했던 말을 되풀이했다. 답답했다. 안 되겠다 싶어서 그 책에 대해서 더 이상 말하지 않았다. 그리고 여호와증인의 교리들이 왜, 해로운지에 대해 말했다. 핵심적으로 두 가지 "집총거부와 수혈거부"를 언급했다. 할머니도 나름의 주장을 내세웠다. 나도 한 치를 물러서지 않고, 할머니의 억지 주장에 적극적으로 대응했다. 성령께서 도와주신다는 확신이 있었다. 내가 할머니에게 하는 말에 믿음과 지혜를 느낄 수 있었다.

계속해서 그들의 해로운 교리에 대해서 말했다. "할머니, 할머니와 제가 사는 이 자유 대한민국에 군인이 없었더라면 어떻게 되었을까요? 6.25 전쟁 때 젊은이들이 총을 들고 나가서 북한군과 싸우기를 거부하였더라면 어떻게 되었을까요? 악한 자들에게 나라를 빼앗겼더라면 어떻게 됐을까요? 과연 할머니와 할머니의 사랑하는 아들과 딸 그리고 손주들은 오늘 이 자유로운 세상에서 행복하게 살 수 있었을까요? 대답해보세요"라고 했더니 아무 말도 못했다.

그 상태에서 할머니에게 한 가지 질문을 더 했다. "그리고 할머니, 만약 할머니의 혈액형이 'RH-' 희귀 혈액형이라고 해봐요. 그런데 할머니의 아드님도 할머니와 같이 'RH-'에요. 어느 날 할머니가 다쳐서 긴급 수혈을 받아야 하는 상황이에요. 그때 할머니는 아들의 피를 공급받지 않으면 당장 돌아가시는 상태에요. 그런데 자신의 피를 어머니에게 조금만 수혈해주면 자기를 낳아준 엄마를 살릴 수 있는데, 자기가 여호와증인이라는 이유로 수혈을 거부해서 자기 어머니가 돌아가시게 됐다고 해봐요. 그 사건에 대해서 사랑의 하나님은 과연 뭐라고 하실까요? 잘했다고 하실까요? 성경에는 "네 부모를 공경하라"(출20:12)고 하셨잖아요. 자기 어머니를 살릴 수 있었는데, 죽도록 버려둔 그 행위에 대해 과연 하나님께서 뭐라고 하실까요? 그리고 그런 아들에 대해 할머니는 뭐라 말할 거에요? 효도했다고 할 건가요?"라고 했더니 할머니는 아무런 말도 못했다. 기세가 완전히 꺾인 것이다.

할머니는 잠시 천정을 보시더니 한숨을 크게 내쉬었다. 그러시면서 자신의 과거 이야기를 꺼냈다. 태어나서 남의 집에서 종살이한 것, 장애를 지닌 남편을 만나 말로 다 할 수 없이 험한 고생을 한 것, 친히 낳은 아이 둘을 흙에 묻은 일, 어렸을 때 교회에 다니면서 은혜받았던 일들을 이야기하였다.

이야기를 다 들어드린 후에 "할머니, 이 시간에 예수님을 할머니의 구세주와 주인으로 영접하시겠어요?"라고 하니 그러겠다고 하였다. 할머니의 두 손을 꼭 잡고 예수님을 주님으로 영접하는 기도를 드렸다. 눈을 떴는데 이전보다 방안이 환하게 느껴졌다. 할머니의 눈에서 눈물이 흘러내렸다. 서로의 얼굴을 바라보며 밝게 웃으며 기뻐했다.

할머니는 얼굴을 위로 향하며 큰 소리로 "내 주를 가까이 하려 함은 십자가 짐 같은 고생이라 내 일생 소원은 늘 찬송하면서 주께 더 나가기 원합니다~"하며 찬송을 부르는 것이었다. 그리고 이어서 두 곡의 찬송을 더 부르는 것이었다. "할머니, 어떻게 찬송을 이렇게 잘하세요?"라고 했더니 어린 시절 한참 은혜가 쏟아질 때 불렀던 찬송이라고 했다. 하도 많이 불러서 외웠다고 했다. 그런데 여호와 증인에서는 찬송을 못 부르게 했다고 하였다(고후 11:4). 할머니는 다시 찬송을 부르면서 기뻐하였다.

사간 성경과 찬송가를 꺼내 할머니에게 주었다. "할머니, 이제 이 성경을 매일 읽으세요. 그리고 여기 찬송가도 있으니 찬송도 매일 부르세요. 그리고 아들과 며느리, 딸과 사위 네 명의 손주들을 위해서 기도하세요. 그리고 남북한이 통일되도록 나라를 위해서도 기도하세요."라고 했더니, 할머니는 "예, 목사님!" 하였다. "그리고 할머니, 이제 교회 나오셔서 함께 예배드려요"라고 하니까, "가고는 싶은데 보시는 것처럼 내가 거기까지 걸어갈 수가 없어요"라고 하였다. 그래서 "걱정하지 마세요. 제가 차로 모시러 올게요”라고 하니 미안해하였다. “하나님께서 기뻐하시는 일이니 미안해하지 마세요”라고 말씀드렸다.

일어서려는데 할머니가 잠깐 있어 보라고 하였다. “할머니, 뭔데요?”라고 했더니, 깊이 숨겨놨던 여호와 증인의 책과 파수대 및 홍보 책자들을 꺼내면서 이것을 다 버려달라고 하였다. 이곳저곳에서 꺼내는데 양이 꽤 되었다. 이게 전부냐고 했더니 들어오는 문 옆 방에 또 있다고 하였다. 모두 달라고 했더니 그 방으로 나를 데려갔다.

미닫이문이었다. 문턱이 창문 샷시로 되어 있어서 문틀에 솟아있는 두 줄에 각각 반달 모양의 구멍이 파여 있었다. 물이 빠지도록 한 것이다. 문을 열고 그 방으로 들어가려는데 큰 바퀴벌레 한 마리가 창틀 왼쪽에 있었다. “할머니, 바퀴벌레가 있어요”라고 하니, 할머니가 걸레를 집어 바퀴벌레를 잡으려고 하는데 오른쪽으로 도망갔다. 그러다가 바퀴벌레가 창틀의 반달 모양의 홈에 머리가 끼었다. 앞으로도 못 가고 뒤로도 빼지 못하는 상태가 되었다. 할머니로부터 걸레를 받아 바퀴벌레에 대고 힘있게 눌렀다. 그 순간 오늘 새벽예배 때 예배당에서 죽였던 바퀴벌레가 생각났다. “이 바퀴벌레가 바로 여호와 증인을 의미하는 것이었구나”라고 생각했다. “하나님이 벌레를 예비하사 이튿날 새벽에 그 박넝쿨을 갉아먹게 하시매 시드니라”(욘 4:7) 할머니에게 받은 이단 서적을 봉지에 담아서 집으로 가져와 차에 실었다. 다음날 교회 앞에서 모두 불에 태웠다.

내가 목사님을 포섭하려고 했어

수요일 저녁 예배에 할머니를 모시고 와서 함께 예배를 드렸다. 교회 현관까지는 차로 모셔왔는데 2층 계단은 할머니가 직접 올라가겠다고 하였다. 할머니는 혼자서 걸을 수 없는 분이었다. 그래도 친히 계단의 난간을 잡고 2층까지 올라가겠다고 하였다. 그래서 아내가 옆에서 붙잡아 주고 예배당에 들어갔다. 나와 아내와 할머니 세 사람이 예배를 드렸다. 은혜 가운데서 예배를 마쳤다. 할머니를 다시 집으로 모셔드렸다. 할머니를 내려 드릴쯤 "할머니, 오늘 예배당에 와서 함께 예배드리니 어떠셨어요?"라고 물으니 할머니가 "여태 예배 헛드렸다"고 하였다. 그 얘기를 들으니 "참으로 할머니가 주님께로 돌아왔구나"하는 마음에 안심이 되었다.

그렇게 하나교회에서 첫 예배를 드린 할머니는 예배를 더욱 사모하였다. 공 예배가 있는 날도 아닌데 불편한 몸으로 유모차를 끌며 가다 쉬다를 반복하며 교회에 왔다. 온몸에 땀이 범벅이 되었다. "할머니, 오늘은 예배가 없는 날인데 어떻게 거기서 여기까지 오셨어요? 내리막길이라 위험했을 텐데요"라고 했더니 "하나님 만나고 싶어서요. 우리 하나님 아버지께 찬송을 드리고 싶어서요"라고 하였다. 그 말에 마음이 뭉클했다.

주일에 다시 함께 모여 예배를 드렸다. 식사도 같이하고 또래의 할머니 집사님 권사님들과 대화도 나누며 좋아하였다. 모셔다드릴 때 얼굴을 보니 참 행복해 보였다.

그 주간에 마을의 이곳저곳을 다니다가 밖에 나와 의자에 앉아 계시는 김미선 할머니를 만났다. 나를 보더니 반가워하며 "목사님, 이리와 앉아요"라고 하였다. 할머니 옆에 앉았다. "할머니, 식사하셨어요?"라고 물으니 했다고 하였다. "뭐에다 드셨어요?"라고 물으니 "된장국에 먹었어요"라고 하였다.

할머니가 내게 할 말이 있다고 하였다. "할머니, 무슨 얘긴데요?"라고 물으니 "목사님, 사실은 내가 목사님을 처음 만났을 때부터 목사님을 포섭해서 여호와증인으로 데리고 가려고 했어요"라고 하였다. 그 말에 웃으면서 "할머니, 제가 누구에요? 목사에요, 목사~"라고 했더니 할머니도 웃었다.

어느 날 의정부에 사는 딸이 엄마가 교회를 다닌다고 하니까 놀라서 하나교회로 찾아왔다. 본인이 다니는 교회의 집사님과 함께 왔다. "목사님, 어떻게 우리 엄마가 여기 교회에 나오게 됐어요? 내가 그렇게 오랜 동안 교회에 가라고 해도, 여호와증인에 가야 한다며 꿈쩍도 안 했는데, 우리 엄마가 어떻게 여기 오시게 됐어요?"라고 하였다. 그 말에 "하나님께서 어머니를 불쌍히 여기셔서 우리 교회로 인도하셨어요"라고 짧게 대답하였다. 할머니는 지금 요양원에 계신다. 어느 날 아내와 함께 심방을 했다. 요양사분들이 김미선 할머님을 바라보면서 “저 할머니는 매일 소리내어 성경읽고 찬송하고 기도해요”라고 하였다. 그 말로 인해 참 흐뭇하고 기뻤다(눅 15:3-7).

Chapter 16

잃었다가 다시 만난 양

김재현 형제님의 큰아들 기환이를 만난 것은 집수리를 해 줄 때였다. 24살 청년이었다. 열악한 가정환경으로 인해 상처가 있었지만 착했다. 아빠를 닮아 잘 웃었다. 형제님이 교회에 나오기 시작한 지 1년 정도 지났을 때 기환이가 하나교회에 왔다. 아빠를 피해 토요일이나 주일 오후에 일대일로 성경공부를 했다. 나와 아내는 기환이에 대한 주님의 긍휼함이 있었다. 힘이 닿는 데까지 최선을 다해서 돕고자 하는 마음이 있었다.

기환이가 대학에 합격하다

어느 날 교회에서 기환이와 함께 식사했다. 그때 기환이에게 도움이 될 만한 것이 무엇일까? 예수님을 믿는 것 다음으로 이 청년의 미래에 무엇이 도움이 될까? 먹을 것이나 입을 것 그리고 간혹 용돈을 주는 것도 좋겠지만 장래에 좋은 직장을 얻어 행복한 가정을 꾸리면 더할 나위 없이 좋겠다는 마음이 들었다. 그래서 조심스럽게 물어보았다. "기환아! 어려운 가정환경으로 인해 공부하기 힘들었을 텐데 학교는 언제까지 다녔니?"라고 물으니 "초등학교 4학년까지 다니다가 못 갔어요."라고 한다. "그렇구나. 앞으로 더 공부하고 싶은 마음은 있니?"라고 물으니 "이 나이에 어떻게 공부를 하겠어요?"라고 하였다. "하나님의 말씀에 '사람으로서는 할 수 없으되 하나님으로서는 다 하실 수 있느니라'(마19:26)라고 하셨어. 하나님께서 도와주시면 공부할 수 있어. 지금 생활은 어떻게 하고 있니?"라고 물으니 "음식점, 미용실, 용접 알바 등을 하고 있어요."라고 하였다. 그래서 "열심히 살고 있구나"라고 격려해 주면서 기환이가 대학에 가면 좋겠다고 말해주었다. 기환이는 초등학교 졸업장도 없는데 어떻게 대학에 들어갈 수 있겠냐고 했다. "길이 있어. 검정고시를 보면 돼. 학원에 등록해서 초등과정과 중고등과정을 마치면 대학 입시 시험을 볼 수 있어"라고 말하니, 그 말에 얼굴이 빨개지며 눈을 크게 뜹니다. 검정고시 학원에 전화해서 자세히 알아보면 어떻게 해야 할지 가르쳐 줄 거라고 하니 "예 알아 볼게요"라고 한다.

그날 이후 기환이는 낮에 일하고 밤에 학원에 가서 열심히 공부했다. 일 년이 채 안 되어 고등과정까지 다 마쳤다. 그다음 해에 대학진학 시험을 보고 인천에 있는 대학에 입학했다. 컴퓨터 관련 학과를 전공하게 되었다. 그런데 문제가 생겼다. 합격통지서는 받았는데 입학등록금이 없었다. 기환이가 알바로 번 돈으로는 감당할 수 없는 액수였다. 학비 외에 생활비도 필요했다. 교회도 학비를 내줄 만한 형편이 못 되었다. 그래서 "기환아! 하나님께서 도와주시면 낼 수 있단다. 우리 기도하자"라고 말하며 기환이의 두 손을 꼭 잡고 간절히 기도했다. "하나님, 이 아들을 대학에 합격시켜주셔서 감사합니다. 그런데 입학등록금이 없습니다. 이 아들을 불쌍히 여겨주소서. 기한 전에 돈을 마련할 수 있도록 도와주옵소서. 예수님의 이름으로 기도합니다. 아멘." 기환이도 "아멘!" 하였다.

병원 진단서를 발급받다

지역주민센터의 복지팀에 찾아가서 사정 얘기를 했다. 학비 지원을 받으려면 병원에서 김재현 형제님의 정신장애 진단서를 받아와야 했기 때문이다. 차상위계층으로 월 일정 금액을 지원받을 수 있다고 하였다. 희망이 보이니 믿음과 열정이 생겼다. 진단서를 발급받기 위해서 형제님을 데리고 인천병원 정신과에 갔다. 형제님에게 병원에 가자고 하니 안 가겠다고 한다. 11개월 동안 있었던 정신병원에 대한 트라우마로 인해 완강히 거부하였다. 참으로 난감했다. 어떻게 하면 데리고 갈 수 있을까 고민하다가 형제님이 평소에 좋아하는 짜장면을 사준다고 했다. 그리고 갔다 와서 목욕탕에도 가자고 했다. 둘 다 싫다고 했다. 교회로 와서 간절한 마음으로 기도했다. 그리고 형제님에게 기환이가 처한 상황을, 있는 그대로 얘기해 보기로 했다. 그런 후, 가고 안 가는 것은 주님께 맡기기로 했다.

"형제님! 지금 저와 함께 인천병원에 가야 해요. 기환이가 대학에 합격했는데 등록금이 없어요. 주민센타에서는 형제님이 아프다는 사실을 입증해주는 진단서를 받아오면 기환이의 등록금을 지원해준 데요. 병원에 가요."

진지하게 말하자 순한 양처럼 "예~"하였다. 병원에 가는 것이 싫고 두려울 수도 있는데 아들을 위해서 간다고 생각하니 마음이 찡했다. 인천병원에 도착해서 정신과 진료를 신청했다. 담당 의사분이 여자 선생님이었는데 진단서를 끊기 위해 왔다고 하니 그냥은 안 되고 3~6개월 동안 진료를 받아야 한다고 했다. 게다가 검사받는 비용이 수백만 원 들어간다고 했다. 목사라고 나를 소개한 후 형제님 아들의 안타까운 사정을 얘기했더니 신경과에 문의해보라고 했다.

신경과로 갔다. 담당 의사는 겉으로 보기에 사지가 멀쩡하니 장애 진단서를 발급해줄 수 없다면서 다시 정신과로 가보라고 하였다. 그래서 다시 정신과로 갔다. 그랬더니 당장은 발급해 줄 수 없고 최소한 3~6개월은 진료를 받아야 한다고 했다. 검사비가 많이 들 수도 있다고 했다. 일단 알았다고 하고 형제님을 데리고 돌아왔다. 돌아오는 길에 "등록금 납부를 위해 기한 내에 돈이 마련되지 못하더라도 의사가 시키는 대로 해야지"라고 다짐했다. 어쩔 수 없는 일이었다. 기도하며 모든 상황을 주님께 맡기기로 했다. 병원은 2주에 한 번씩 가야 했다. 담당 의사 선생님이 나와 형제님에게 몇 가지 질문을 하였고 우리는 각자 간단한 대답을 한 후 처방전을 발급받아 약을 받았다.

세 번째 병원에 간 날이었다. 진료실에 들어가야 하는데, 형제님이 오늘따라 로비에만 앉아 있으려 하고 진료실에 안 들어가겠다고 한다. 몇 번이나 의사 선생님에게 보여야 한다고 해도 로비 의자에만 앉아 있겠다고 한다. 순번이 다가와서 어쩔 수 없이 "형제님! 그러면 제가 올 때까지 꼭 이 자리에 있어야 해요! 다른 곳에 가면 안 돼요!"라고 했더니 고개를 끄덕였다. 진료실에 들어갔다. 담당 선생님에게 오늘은 환자가 진료실에 들어오는 것을 꺼려서 로비에 두고 혼자 들어왔다고 하니 알았다고 하였다. 그간 환자의 상태를 물어서 특이한 일은 없었다고 하였다. 의사 선생님은 진료 기록부에 몇 가지를 기록하더니 "오늘 장애 진단서를 발급해 드리겠습니다"라고 하였다. 비용이 드는 검사를 하나도 안 했는데 생각보다 빨리 발급받게 되어 기쁘고 하나님께 감사했다.

형제님을 잃었다가 다시 만나다

진단서를 발급받은 후 형제님에게 갔다. 그런데 보이지 않았다. "어디 갔지?" 마음이 긴장되고 불안해졌다. 이리저리 살펴봐도 보이지 않았다. "형제님을 잃어버린 거 아니야?" 애타는 마음으로 병원 내 경비원들에게 형제님의 모습을 얘기해 주고 함께 찾아봐 달라고 하니 찾아보겠다고 하였다.

두 사람이 한참을 찾아보더니 그런 사람 없다고 했다. 나도 병원 구석구석과 주변까지 찾았지만 없었다. 저녁해가 넘어가기 직전이었다. 당황스럽고 걱정이 되어 아내에게 전화했다. 기도해 달라고 했다.

형제님을 찾으려고 버스를 타고 송내 남부역과 주변을 살펴보았다. 택시를 타고 천천히 송내역과 병원 주변을 둘러보았다. 걸어서 이길 저길 이곳저곳을 샅샅이 살폈지만 찾지 못했다.

더 이상 이곳에 있을 이유가 없겠다 싶어 버스를 타고 교회로 향했다. 형제님을 잃어버렸다는 생각에, 만감이 교차했다. 나쁜 사람들이 데려갔으면 어떻게 하나? 우리 아니면 제때 밥을 먹지도, 씻지도, 옷을 갈아입지도 못할 텐데. 기환이에게는 뭐라고 말해야 하나? 이제 영영 보지 못하게 되는 것 아닌가? 하나교회 성도님들에게는 뭐라고 이야기하나? 형제님을 잃어버렸다고 하면 동네방네 소문이 날 텐데. 경찰서에 신고해야 하나? 등등의 생각으로 복잡했다.

그런데 이상한 것은 버스를 타고 오는 내내 내 마음 깊은 곳에서 세미한 평안함이 느껴졌다는 것이다. 당면한 상황과는 정반대였다. "아직도 죽지 않은 내 옛 자아로 인해 내가 책임을 회피하려는 것은 아닌가?"라는 생각에 애써 그 평안을 밀어냈다. 이런 상황에서 취해야 할 마음이 아니라고 여겼다.

교회에 도착했다. 마음이 무거웠다. 아내가 기도하고 있었다. 원탁에 앉아 대책을 논의했다. 먼저 기환이에게 알린 후, 경찰에 행방불명 신고하기로 했다. 범박지구대에 전화하니 와서 신고하라고 했다.

아내와 함께 경찰서로 향했다. 밤이 깊었다. 가는 길에 형제님의 집에 들렀다. 인천병원에 갈 때, 문 앞에 널어놓은 이불 빨래가 그대로 걸려있었다. 혹시나 하는 마음에 문을 열고 방을 들여다보았다. "목사님이시유~"하고 말을 걸어올 것만 같았다. 하지만 고요했다. 다시 문밖을 나오는데 아내는 빨래를 가지런히 펴고 있었다.

긴장과 걱정을 끌어안고 다시 경찰서로 향했다. 마을을 나와 왼쪽 고물상 옆길을 걸어가고 있었다. 그런데 앞에서 한 남자가 힘있게 걸어오는데 김재현 형제님이었다! 나도 아내도 믿어지지 않았다. "아니, 어떻게 거기서 여기까지!" 너무 놀랐다. 진짜 김재현 형제님이었다. 내가 "김재현 형제님!"하고 부르니까 "예"라고 대답했다. 아내는 그 대답을 듣고 "형제님, 얼마나 형제님을 찾았는지 아세요?"라고 말하며 울었다.

인천병원에서 부천 계수동까지 어떻게 왔는지 너무 궁금해서 물어보았다. "병원에서 여기까지 어떻게 왔어요?" 하니, "걸어서 왔시유~"라고 했다. "아니, 길도 모르는데 어떻게 거기서 여기까지 걸어서 와요?"라고 했더니 "경기도 부천시 소사구 계수동 7번지가 어디에유?"라고 사람들에게 물어물어왔다고 했다. 나와 아내는 그저 놀랄 뿐이었다. 서로 얼굴을 보면서, "정신질환을 앓고 있는 환자가 어떻게 그곳에서 이곳까지 걸어서 집을 찾아오나?"라며 "정말 정신질환인거 맞아? 혹시 다 나은 거 아니야?"라는 생각까지 했다. 너무 기뻤다(마18:12-13). 주님께서 형제님을 집에까지 인도해 주셔서 참 감사했다.

다음날 아들 기환이에게 진단서를 주고 주민센터에 가서 절차를 밟으라고 했다. 며칠 후 차상위로 결정이 되었다는 통보를 받았다. 이로 인해 입학등록금을 비롯해 졸업할 때까지 학비를 마련할 수 있었다. 졸업 후에는 구로디지털단지에 있는 회사에 취직했다.

Chapter 17

죽긴 왜 죽어요 살아야지요

매주 토요일이 되면 아내는 주일 점심을 위해 정성껏 식사 준비를 했다. 그리고 나는 기도를 한 후, 교회 본당과 화장실 그리고 계단과 건물 주변을 청소했다. 이어서 김재현 형제님의 집으로 가서 씻기고 옷을 갈아입혔다. 그래야 주일 낮 예배 때 다른 성도님들이 힘들어하지 않았다.

2011년 12월 17일은 토요일이었다. 이날도 나와 아내는 주일예배를 준비하기 위해 오후 2시쯤 교회에 왔다. 입구에서 형제님을 만났다. 다른 날과는 달리 얼굴이 약간 일그러져 있었다. "뭔가 기분 나쁜 일이 있었나?" 생각했다. 기도와 교회 청소를 마친 후에 형제님을 씻기고 옷을 갈아입히기 위해 형제님의 집으로 갔다. 옷을 갈아입히기 전에 따뜻한 물로 머리를 감고 샤워를 하라고 했다. 평상시 다른 사람들의 말은 안 들어도 내 말은 잘 들었는데 오늘따라 몸을 씻지 않겠다고 하니. 왜 그러냐고 물으니 그럴만한 이유가 있다고 하면서 대답을 안 했다. 어쩔 수 없이 새 옷으로만 갈아입혔다.

잠시 후, 부엌에서 설거지하고 걸레를 빠는데 담배를 입에다 물고 다급하게 "빼금빼금 후~ 빼금빼금 후~"하였다. 또 방을 이리저리, 왔다 갔다 하며 안절부절못했다. 평소에는 내 앞에서는 피우던 담배조차도 얼른 끄거나 버렸지만, 지금은 무언가에 쫓기는 사람처럼 담배 연기를 급하게 뿜어대고 있었다. 게다가 다른 때보다 더 심하게 혼잣말로 누군가와 계속 대화를 했다.

분명 평소와 달랐다. 정도 이상으로 불안해하며 초조해하는 모습이 역력했다. 내가 담배를 피우지 않았으면 하는 투로 "담배 끊으셨다면서요?"라고 했더니 "그냥 놔 둬유~ 내가 어디 갔다와야 해유~"라고 했다. "어디 가는데요?"라고 하니 "죽으러 가유~"라고 했다. 그 말에 처음엔 "그냥 한 번 해보는 말이겠지"라고 여겼지만 갈수록 신경이 쓰였다.

잠시 후, 형제님이 "여기 국방부장관과 경찰서장이 왔시유" 라고 했다. 그리고 자기는 북한에 다녀와야 한다고 하였다. 내가 "왜요?"라고 하니 "장군님이 죽었시유"라고 했다. 그러면서 더욱 초조해하였다. 다시 담배를 힘있게 빨며 연기를 연거푸 내뿜으면서 "나, 죽으러 가유~" 했다. 자꾸 죽으러 간다고 하는 말이 거슬려서 내가 큰소리로 "죽긴 왜 죽어요? 살아야지요. 그런 말 하지 마세요"라고 하며 호되게 나무랐다. 그 말 이후로 두 번 다시 그 말을 하지 않았다.

아내가 만둣국을 끓여놨느니 함께 와서 식사하라고 했다. 둘이 식탁에 앉았다. 형제님은 음식을 먹으면서 계속 혼잣말을 했다. 나는 마음속으로 "오늘따라 형제님이 참 이상하다. 북한의 김정일이 죽기라도 했나? 다른 날보다 원수에게 더 밀까불림을 당하고 있구나"라는 생각을 했다. "어떻게 하면 이 아들을 도울 수 있을까? 어떻게 하면 악한 영으로부터 자유하게 할 수 있을까?"라는 마음이 간절했다.

식사 후에 형제님을 집으로 데려다준 후, 아내에게 김재현 형제님의 집에서 있었던 일을 이야기했다. 아내도 놀라워했다. 형제님의 영과 혼과 몸을 지켜달라고 함께 합심하여 부르짖어 기도했다. 예수님의 이름으로 대적하고 축사하며 간절히 기도했다(벧전 5:8-9).

주일이 지나고 12월 19일 월요일이 되었다. 낮12시를 좀 넘어 공영방송이 긴급으로 북한 <조선중앙TV>발 김정일 사망 소식을 보도했다. 다음은 그때 한 언론의 기사 내용이다.

"19일 낮 12시 북한 <조선중앙TV>. 지난 10월 19일 이후 50일 넘게 방송에 모습을 드러내지 않았던 리춘희 아나운서가 검은 상복 차림으로 등장했다. 리 아나운서는 울먹이며 '지난 17일 오전 8시30분, 김정일 국방위원장이 현장 지도를 나가던 기차 안에서 과로(심근경색과 심장쇼크 합병)로 서거하셨다'는 충격적인 발표를 했다. 북한 <조선중앙TV>는 오늘 오전 9시부터 방송을 시작했으며, 오늘 낮 12시 특별방송을 하겠다는 '예고방송'을 이례적으로 4차례나 내보냈다." (2011년 12월 19일 13시 09분 전정윤 기자)

위의 사건으로 인해 악한 영들은 이미 일어난 일에 대한 정보와 지식을 가지고 사람들을 미혹하고 선동하여 멸망으로 끌고 간다는 사실을 다시 확인하게 되었다(사 41:21-24, 마 12:43-44). 오직 하나님만이 장래 일(사48:3, 요16:13)을 말씀하시고 친히 그 말씀을 이루시며 영혼들을 구원으로 인도하신다는 것을 더욱 확고히 하는 계기가 되었다.

Chapter 18

겸손

초등학교 시절 어느 겨울 따뜻한 아랫목에서 아버지가 내게 하신 말씀이 생각난다.

"석봉아, 벼는 익을수록 고개를 숙인단다. 익지 않은 벼는 고개를 빳빳이 세우고 있단다. 그러니 너는 익은 벼처럼 겸손한 사람이 되어라."

아버지의 이 짧은 말씀은 수십 년이 지난 지금도 나의 삶의 교훈과 회초리가 되고 있다. 아버지는 내게 겸손에 대해서 말씀해주셨고 어머니는 겸손의 본을 보여주셨다.

목사 안수를 받을 때였다. 용인에 계시는 어머니를 찾아뵈었다. 식사하고 함께 기도한 후 "어머니, 제가 다음 달에 목사 안수를 받아요. 안수식에 오실거죠?"라고 말씀을 드리니 어머니는 약간 흥분된 어조로 "너희가 드디어 해냈구나"라며 좋아하셨다. 이어서 한마디를 더 하셨다. "그런데 나 같은 사람도 안수식에 가도 되냐?" 이제 막 거듭난 사람처럼 순수하고 하나님 앞에서 한껏 낮아지신 어머니의 신앙 앞에서 나와 아내의 마음이 숙연해지고, 뭉클해졌다.

나도 30년 전에 거듭났을 때, 직장 신우회 담당 전도사님 앞에서 "나 같은 사람도 여기와도 되나요?"라고 물어봤던 기억이 있다. 목사의 직임을 받는 것보다 더 중요한 것이 진정한 하나님의 사람이 되는 것인데, 심령이 가난한 자에게서만 볼 수 있는 그 겸손이 과연 내게 있는가 하는 생각을 했다.

무엇이든지 많아지고, 오래되고, 깊어지고, 강해지고, 높아지는 곳에서 진정한 겸손을 볼 수 있지만 반면에 그곳에 무서운 교만도 도사리고 있기에 떨리는 마음으로 목사 안수를 받았다. 그리고 주님은 내게 계수동 목회 현장에서 높아진 마음을 낮추게 하는 훈련을 받게 하셨다.

너 이곳에 왜 왔니?

어느 날, 어려운 재정 상태로 인해 마음이 답답해서 계수동을 나와 한적한 곳을 걸으면서 "주님, 지금 주시는 재정으로 감사합니다. 그런데 주님도 아시다시피 지금의 재정으로는 가정의 생활비와 교회를 운영하기에 턱없이 부족합니다. 바라기는 좀 더 주세요. 꼭 좀 올려주세요."라고 말씀드렸다.

그래도 여전히 어려웠다. 그즈음에 한 전도사님이 본인이 사역하는 교회가 서울에 있는데 한 번 와보지 않겠냐고 하였다. 그 교회에서 선포되는 말씀이 참 은혜로워 먼 곳에서도 사람들이 온다는 것이었다. 다른 어떤 것보다도 말씀에 은혜가 있고 배울 것이 있다는 말이 내 마음을 움직였다. 그래서 전도사님과 함께 그 교회의 기도 모임에 갔다.

담임목사님 부부는 영국에서 유학생들을 대상으로 사역을

하다가 들어오셨다. 그곳에서 먹을 것이 없어서 밤에 마트의 쓰레기통을 뒤져서 생계를 유지했다고 한다. 그 과정에서 사모님의 치아가 다 빠졌지만, 한국에 들어온 후에는 형편이 좋아졌다고 했다.

첫날 은혜를 많이 받았다. 담임목사님으로부터 하나님이 그 교회에서 행하신 놀라운 역사에 대해서도 들었다. 식사 후, 담임목사님은 내가 어려운 지역에서 목회한다는 것을 들으셨는지 봉투 하나를 주었다. 약간의 재정이 들어있었다. 도움을 받기 위해서 간 것이 아니라 말씀을 듣기 위해서 간 것이어서 마음이 좀 어려웠다. 그렇지만 또 한편으로 감사했다.

그리고 몇 주가 흘렀다. 그 교회에 대해 아내에게 말을 하며 같이 가보자고 했더니 그러자고 했다. 그 교회에 가서 말씀의 은혜를 받고 불을 꺼놓은 상태에서 함께 기도했다. 한참을 기도하고 일어나려는데 앞에 있는 내 가방 위에 봉투 하나가 놓여 있었다. 받기도 그렇고 안 받기도 그렇고 참 난감했다. 다시 헌금함에 넣을까 생각도 했다가 주는 분에 대한 예의가 아닌 것 같아 가방에 넣었다. 다음에 기회가 되면 더 많은 헌금을 드리자고 하며 마음을 추스렸다.

그리고 그 이후로 혼자서 한 번 더 갔다. 말씀에 은혜를 받았고 배울 것이 있었다. 그런데 가면 헌금을 주기에 그것이 부담되었다. 그날도 기도를 마치고 눈을 뜨고 일어나려는데 가방 위에 봉투가 놓여 있었다. 돌아오면서 "더 이상 오면 안 되겠다. 앞으로는 가지 말자"라고 결심했다.

그리고 약 두 달이 지났다. 어느 날 아이들에게 꼭 필요한 몇만 원이 없었다. 아내와 아이들 모두 힘들어했다. 아빠로서, 남편으로서 면목이 없었다. 이렇게도 저렇게도 고민을 했지만, 방법이 없었다. 절박했다. 반나절 정도 시간을 보내다가 생각난 것이 그 교회였습니다. "그곳에 가면 또 주실 텐데"하는 마음이 올라왔다.

그런데 막상 가려고 하니 차에 기름이 빨간 눈금에 붙어있었다. 가다가 차가 멈추면 어떻게 하나 하는 마음에 좀 망설였다. 그래도 이전에 주님께서 도와주신 것을 떠올리며 기도하고 가보자는 쪽으로 결론을 내렸다. 아내와 아이들에게는 말하지 않고 출발했다.

다행히 도착하기까지 차가 막히지 않았고 주유등도 들어오지 않았다. 가는 내내 마음속으로 "다시는 오지 않겠다고 했는데, 내가 지금 가는 게 맞아? 전처럼 말씀에 은혜를 받고 함께 기도하기 위해서 가는 게 아닌데 이래도 되나?" 하는 생각이 들었다. 그래도 마음 한쪽으로는 현실의 절박함으로 자신을 합리화하였다. 도착 후 그냥 들어갈 수 없어서 차 안에서 운전대를 잡고 심호흡을 한 번 한 후 기도했다.

"주님, 제가 이곳에 왔습니다. 사실 오늘 이곳에 온 것은...."

그때 내 마음 깊은 속에서 "너, 이곳에 왜 왔니?"라는 음성이 들렸다. 그 소리가 가슴 전체로 울렸다. 순간 눈물이 왈

칵 쏟아졌다. 나 자신이 한없이 부끄러웠다. 주님께 그리고 그 교회의 담임목사님과 사모님에게 너무 죄송했다. "내가 이런 동기로 이곳에 오면 사랑하는 형제와 자매에게 진짜 힘든 짐을 지우게 하는 거다"라는 생각이 들었다. 다시 주님께 기도했다.

"주님, 제가 잘못했습니다. 굶어 죽는 한이 있더라도 형제 자매에게 짐이 되어서는 안 되겠습니다. 주님 죄송합니다. 다시는 이런 짓을 하지 않겠습니다. 그냥 돌아가겠습니다."

시동을 다시 걸고 그냥 되돌아왔다. 오는 내내 차 안에서 주님과 주 안에서의 형제, 자매들에 대한 사랑으로 인해 격하게 울고 또 울었다. "내가 왜 이토록 어리석은 행동을 했을까?"라는 생각에 내가 싫기까지 했다.

재정으로 인한 훈련

그 일이 있은 지 몇 달이 지났다. 어느 날부터 생각지도 못한 곳에서 큰 액수의 재정이 들어오기 시작했다. 정말 꿈에서조차 생각지 못한 곳에서 들어왔다. 꿈만 같았다. "살다 보니 정말 이러한 일도 있네!"라고 할 정도였다. 갑자기 많은 액수의 헌금과 후원이 들어오니 "야, 이제 고생 끝 행복 시작인가 보다"라고 여겼다. 씀씀이도 늘어났다. 계속 많은 재정이 들어왔다. 풍족한 생활에 점점 익숙해졌다.

그런데 내 마음에 문제가 생겼다. 이전에는 어려운 일이 생기면 먼저 하나님께 기도하고 금식하며 부르짖어서 그 문제를 해결했는데 이제는 먼저 돈으로 해결하고자 하는 마음이 앞섰다. "이러면, 안되지" 하면서도 자꾸 마음이 그리로 갔다. 때로는 "야, 사람의 마음이 이렇게도 간사하구나. 이렇게 쉽게 변질이 될 수 있구나"하는 생각에, 자신에 대한 탄식이 저절로 나왔다. 마음 한편에서는 "내가 이러다가 하나님께 얻어맞지. 모든 것이 한순간에 다 날아갈 수도 있는데" 하는 생각이 들었다.

주님을 의지하는 마음보다 돈에 더 집착하는 시간이 길어지고, 돈을 우선하는 횟수가 많아졌다. 그러다가 어느 달부터 헌금과 후원이 급격히 줄었다. 가장 많은 금액의 후원은 아예 끊겼다. 그제서야 주님께 바짝 엎드렸다. 금식하며 깊이 회개했다. 감사하게도 인자하신 주님은 두 달을 넘기지 않고 다시 이전 상태로 회복시켜주셨다.

이 일을 경험하면서 사도 바울의 고백이 마음 깊이 와닿았다. "내가 비천에 처할 줄도 알고 풍부에 처할 줄도 알아 모든 일에 배부르며 배고픔과 풍부와 궁핍에도 일체의 비결을 배웠노라"(빌4:12). 나는 한동안 풍부에 처하는 경험을 한 후 가난에 처하는 것에는 어느 정도 훈련이 된 것 같지만 풍부에 처할 줄 아는 데는 아직 미숙하다고 생각했다. 그리고 배고플 때보다 배부를 때 겸손을 유지하기가 더 어렵다는 것을 깨닫게 되었다.

Chapter 19

찬양과 경배의 능력

계수동에서 교회를 개척했지만 집은 구하지 못했다. 찾고 기다렸지만 살만한 빈집이 없었다. 그래서 한동안 교회에서 걸어서 약 30분 정도 걸리는 괴안동 옥탑방에 집을 얻었다. 평일에는 주로 내가 먼저 교회에 오고 아내는 집안일을 하고 난 후에 교회로 왔다.

70대로 보이는 54세 여성

어느 날이었다. 아내가 교회에 오는 길에 70대로 보이는 한 여성이 길에 좌판을 벌이고 채소 파는 것을 보았다. 나중에 알고 보니 그 여성의 나이는 54살이었으며 이름은 이선경이었다. 고생을 너무 심하게 해서 할머니처럼 된 것이다.

아내는 노인분들과 가난한 사람들을 향한 긍휼함이 많다. 길을 가다가 파지를 잔뜩 실은 리어카나 밀대를 힘겹게 끌고 가는 할아버지나 할머니를 보면 적극적으로 다가가서 "도와드릴까요?"라고 물어본다. 그러면 도와달라 하는 분도 있고, 신세지고 싶지 않다는 분도 있다. 간혹 할머니나 할아버지의 파지가 한쪽으로 쓰러지면 얼른 달려가서 도와준다. 덕분에 나도 몇 번의 선행을 했다.

아내가 채소를 파는 여성에게 다가가자 그 여성은 아내에게 "언니, 채소 좀 팔아 줘"라고 하였다. 아내는 전도하기 위해서 가던 걸음을 멈추고 좌판 앞에 앉아서 "얼마에요?"라고 물었다. 아내는 자기가 계수동 하나교회에 다닌다고 하면서 "자매님도 교회에 나오시면 좋겠어요."라고 하였다. 하지만 자매님은 아내의 말은 무시하고 그저 채소 파는 일에만 관심이 있었다.

아내는 여러 차례 자매님의 채소를 팔아 주었다. 그러면서 수시로 교회를 소개하고 복음을 전했다. 하지만 자매님의 관심은 여전히 장사에 있고 돈에 있었다. 나중에는 아내를 귀찮게 여기기까지 했다.

교회 가면 장례 치러줘?

그러던 어느 날이었다. 그날도 자매님은 길에다 좌판을 벌여놓고 채소를 팔고 있었다. 아내가 다가가서 채소를 사려고 하는데 자매님이 "언니, 나 언니 다니는 교회에 가면 장례 치러줘?"라고 하였다. 아내는 깜짝 놀라 "아니, 자매님 왜 그런 말씀을 하세요?"라고 했다. 자매님은 만삭이 된 임신부처럼 불룩 나온 배를 보이며 "나, 얼마 못 살아. 의사의 말이 곧 죽는데"라고 한다. 술을 많이 먹어서 간경화로 인해 복수가 찬 것이다. 아내는 자매님에게 "그래도 어떻게 죽을 생각을 하세요? 교회 나와서 예수님 믿고 병 나을 생각을 해야지요"라고 하며 돌아오는 주부터 교회에 나오라고 하였다.

그런데 아내의 말대로 자매님이 정말 교회에 나왔다. 남편과 함께 나왔다. 두 분 모두 이혼 후 만남이었다. 예배를 마친 후, 유아실에서 남편분과 자매님의 건강 상태에 대해서 자세한 얘기를 나누었다. 병원에 가서 복수를 뺄 수 있는 돈마저 없었다. 사정이 짠했다. 교회도 재정적으로 어려운 터라 참 난감했다. 자매님을 도울 방법을 여러모로 찾아보았다. 정부가 지원하는 수급자나 차상위를 알아보았다. 하지만 두 분 모두 주민등록상 자녀들이 있고, 그들에게 재산이 있고 정상적인 직업을 갖고 있기에 자격이 되지 않는다고 하였다. 기업체 산하의 복지재단에도 문을 두들겨보았다. 그곳에서도 자격이 되지 않았다. 일정 기간 의지를 갖고 경제활동을 한 경력이 있어야 했다. 그리고 술을 마시는 사람은 심사 대상에서 아예 제외시켰다. 그러다 보니 도움을 받을 길이 없었다. 복지 사각지대에 있었다.

그래도 이제 우리 하나교회에 나오는 교인이 되었는데 어떻게 해야 하나 고민이 많이 되었다. 기도했다. 그대로 두면 상태가 더 나빠질 것 같아 우선 병원에 입원을 시키기로 했다. 치료비는 주님께 맡기기로 했다. 응급실로 데리고 갔다. 3박 4일 동안 치료를 받았다. 복수도 빼고 식사도 규칙적으로 하니 얼굴이 좋아졌다. 퇴원할 때 치료비가 꽤 나왔는데 때마침 주님이 필요한 재정을 보내주셨다. 위급한 상황을 넘긴 두 분은 교회에 참으로 고마워했다.

그 이후로 두 분은 예배에 꾸준히 참석했다. 예배의 자리에 앉아 있는 것만으로 참 사랑스러웠다. 두 분이 사는 곳은 길가 바로 옆이다. 한때 식당이던 곳에 방을 만들어 살았다. 문을 열고 안으로 들어가면 콘크리트 바닥에 3구짜리 연탄난로가 있었다. 오래된 소파가 있었고 냉장고와 밥솥 등이 놓여 있었다. 안쪽으로 더 들어가면 왼쪽에 주방이 있고 그 반대편에 조그만 방이 있었다. 약간 경사진 곳인데 콘크리트를 부어 평평하게 한 것이다. 그리고 그 안으로 더 들어가면 재래식 화장실이 있었다. 그 집에 출입하는 사람들 대부분은 술 중독자들이었다. 그 마을에 술로 인해 죽은 사람들이 여럿이지만 술을 끊지 못했다. 간혹 방문해 보면 자주 술판이 벌어져 있었다. 그런 와중에도 두 분은 교회에 출석했다. 두 분 모두 못 나올 때도 있었지만, 자매님은 예배의 자리에 더 자주 나왔다.

자매님이 예수님을 영접하다

그러던 어느 토요일 오후였다. 자매님 집에 심방을 갔다. 남편은 방에 누워있고 자매님은 밖에 나와 있었다. 주일예배를 드리지만, 아직 예수님을 영접하지 않은 상태였다. 그래서 기회가 되면 복음 제시를 하여 주님을 모셔 들이도록 도와드려야겠다는 마음이 있었다. 자매님에게 진지하게 복음을 전했다. 그러고 나서 자매님에게 "자매님, 예수님을 자매님의 구주와 주님으로 모셔들이겠어요?"라고 하니 잠깐 망설이더니 "모셔 들이겠다"고 하였다. 그래서 그 자리에서 죄를 회개하고 주님을 영접했다. 기도를 마친 후, 자매님이 자신의 의지로 예수님을 영접한 것에 대해서 주님께서 받으셨다는 확신이 들었다.

자매님이 주님을 영접하고 난 후, 아내는 자매님의 집에서 일주일에 한 번씩 구역예배를 드렸다. 함께 찬양도 하고 말씀도 읽었습니다. 자매님은 그 자리에서 마음에 있는 얘기를 마음껏 했다. 어느 날 자매님이 아내에게 "사모님, 어젯밤 예수님이 꿈에 나타나셔서 십자가를 보여주셨어요"라고 하였다. 그리고 또 어떤 날은 "사모님, 어젯밤에는 예수님께서 하얀 천으로 나를 덮어주시면서 우셨어요"라고 하였다. 주님께서 꿈을 통해서 자매님을 만나주시고 위로하시는 것을 듣고 자매님의 영혼에 대해 안심이 되었다.

자매님이 방언을 받다

그즈음 주일 낮 예배 때 방언에 대해 설교를 했다. 성도님들 중에 방언을 받고 싶은데 받지 못했다는 두 분의 여자 집사님이 있었기 때문이다. 그때 그 설교의 자리에 이선경 자매님도 있었다. 설교를 마친 후 광고 시간에 방언 받기를 원하는 사람은 앞으로 나오라고 했더니 아무도 나오지 않았다.

예배를 마친 후, 이선경 자매님과 남편은 식사를 안 하고 집에 가겠다고 했다. 내가 "자매님! 방언 받기를 원하세요?" 하니 남편의 눈치를 보면서 "다음에 받을게요"라고 했다. 알았다고 하고 대신에 기도만 한 번 받고 가라고 했다. 머리에 손을 얹고 방언이 임하도록 간절히 기도했다. 그리고 집으로 갔다.

남아있는 성도님들과 식사한 후, 한 여집사님에게 방언이 임하도록 기도를 해 주었다. 즉시 방언이 터졌다. 너무 좋아하며 눈물을 흘렸다. 하나님께서 주신 하늘의 언어이니 방언 기도를 많이 하라고 하였다.

성도님들이 모두 집으로 돌아간 후, 아내와 함께 교회에 있었다. 자매님으로부터 아내에게 전화가 왔다. "사모님, 집에 와서 밥을 먹고 주방에서 설거지하는데 제 마음속에서부터 소리가 올라오더니 갑자기 입에서 '샬라 샬라'하는 거예요. 그래서 아~ 이것이 오늘 목사님이 말씀하셨던 그 방언이라는 거구나. 이걸 내가 하고 있구나~ 그래서 계속 방언을 했어요. 그런데 남편이 '너 지금 뭐라 씨부렁대노' 하는 거예요. 그래서 내가 남편에게 '뭐긴 뭐고? 아까 목사님이 말씀하셨던 그 방언이지'라고 했어요"라고 하였다. 자매님은 그저 신기해하기만 했다. 아내는 자매님에게 "아주 잘했다"고 하고, 방언을 더 많이 하라고 하며 칭찬하고 격려해 주었다. 나와 아내는 주님께서 자매님을 구원하신 또 하나의 확증으로 알고 기쁘고, 감사했다. 나중에 자매님의 방언 소리를 들어보니 참 아름다웠다.

죽다 살아난 자매님

그러던 어느 여름날이었다. 두 사람 모두 주일 낮 예배에 오지 않았다. 염려되었다. 심방을 가야겠다 생각했다. 예배 후, 성도님들이 식사를 마치고 모두 집으로 돌아간 잠시 후, 자매님의 남편이 내게 전화를 했다. 다급한 목소리로 울면서 "목사님, 선경이가 다 죽어가요~ 선경이가 다 죽어가요~ 빨리 와 주세요~"라고 하였다. 긴박한 상태임을 알 수 있었다. 나는 "알았습니다. 금방 가겠습니다."하고 전화를 끊었다. 그리고 잠시 이 문제로 아내와 합심하여 기도했다. 자매님이 어떠한 상태인지 궁금하기도 하고, 걱정도 되고, 긴장도 되었다.

교회 문을 나와서 자매님 집을 향해 골목길을 걸어가는데 성령께서 내게 "가서, 기도하지 말아라. 찬양하는 것 외에 다른 어떤 것도 하지 말아라."라고 하였다. 그 말씀에 순종하기로 굳게 결심하고 빠른 걸음으로 자매님 집으로 향했다. 성령께서 하신 말씀을 아내에게도 알려주었다.

도착해서 보니 깨지고 부서진 가재도구들이 바닥에 널브러져 있었다. 술병과 도자기 그릇들의 파편까지도 여기저기 있어 조심해야 했다. 자매님은 소파에 쓰러져 있었고 남편은 옆에서 울면서 파리채로 연거푸 자매님의 몸을 힘있게 내리쳤다. 그러면서 "일어나라. 일어나란 말이다. 목사님 이것 보세요. 반응이 없어요. 선경아, 일어나라~ 목사님 사모님 오셨다. 일어나!"라고 하면서 울었다. 자매님의 몸에 아무런 반응이 없었다.

나와 아내는 자매님의 상태와 남편의 말과 울음에 동요하지 않고, 조용히 의자에 앉았다. 그리고 마음을 오로지하여 주님께로 향했다. 그리고 성령께서 일러주신 대로 찬양을 시작했다. "나의 주, 크고 놀라운 하나님, 하늘 위에서 지혜와 권능과 사랑으로 우릴 다스리네~ 나의 주, 크고 놀라운 하나님, 하늘 위에서 지혜와 권능과 사랑으로 우릴 다스리네. 나의 주, 크고 놀라운 하나님, 하늘 위에서 지혜와 권능과 사랑으로 우릴 다스리네~" 그렇게 아내와 함께 주님만을 높이고 경배했다. 찬양을 드릴수록 그 자리에 주님의 임재를 더욱 강하게 느낄 수 있었다. 두 손을 들고 주님만을 바라보며 계속 찬양을 올려드렸다.

그렇게 한참 찬양만을 했다. 그런데 소파에 쓰러져있던 자매님이 작은 소리로 콜록, 콜록거리며 몸을 움직였다. 그러면서 서서히 일어났다. 이어서 자매님이 방언으로 찬양을 한다. 그 찬양 소리가 너무나 맑고 아름다웠다. 그런 자매님의 모습을 보고 우리도 놀랐다. 찬양을 더욱 크게 올려드렸다. 자매님도 계속 방언으로 찬양을 하였다. 그곳에 더욱 짙은 주님의 임재가 있었다. 남편은 자매님을 보고 “어, 살아났네~ 정말 살아났어. 목사님 사모님이 오시니까 살아났네” 하면서 좋아하고 기뻐했다.

크고 위대한 일을 행하신 주님께 감사와 찬양을 올려드립니다. 아멘.

Chapter 20

다니엘 기도

2011년 1월 1일 오전 8시경에 같은 신학교 출신인 조영학 전도사님이 "새해 복 많이 받으세요 하나님의 평안이 함께하는 새해 되기를 기원합니다"라는 문자를 보내왔다. 나도 감사와 새해 인사로 답장을 보냈다.

하나님을 믿으라

밤 9시 18분경에 전도사님으로부터 다시 문자가 왔다.
"아버님이 뇌출혈로 위독하십니다. 기도 부탁드립니다."
안타까운 마음에 아내와 두 아들과 함께 전도사님의 아버지를 위해 합심해서 간절히 기도했다. 기도 중에 "좀 더 적극적으로 기도해야겠다"라는 마음이 들었다. 그래서 전도사님에게 아버지 성함을 여쭈어보았다. 문자로 이름을 알려주었다.

삼 일 후에 아버님의 병세가 어떤지 궁금해서 전도사님에게 전화했다. "전도사님, 아버님은 좀 어떠세요?"라고 물으니 "혼수상태세요. 이렇게 계시다가 돌아가실 모양입니다"라며 다소 낙심된 말을 하였다. 다른 말을 할 수가 없어서 "그래요. 전도사님, 계속 기도할게요"하고 전화를 끊었다. 그러고 나서 곧바로 방 한쪽 구석에서 무릎을 꿇고 전도사님의 아버지와 전도사님을 위해 기도했다.

그런데 성령께서 "조 전도사에게 다시 전화해서 '예수께서 그들에게 대답하여 이르시되 하나님을 믿으라 내가 진실로 너희에게 이르노니 누구든지 이 산더러 들리어 바다에 던져지라 하며 그 말하는 것이 이루어질 줄 믿고 마음에 의심하지 아니하면 그대로 되리라(막11:22-23)'는 말씀을 전하라"는 감동을 주셨다.

조금 망설여졌다. 상대방이 같은 전도사였기 때문에 조심스러웠다. 하지만 주님께서 이 말씀으로 놀라운 역사를 여러 번 베풀어주셨기에 용기를 내어 다시 전화를 걸었다. "전도사님! 잠시 드릴 말씀이 있는데요. 5분 정도 내 얘기를 들어 줄 수 있으세요?"라고 물었다. 전도사님은 "괜찮습니다. 말씀해주세요"라고 하였다. 마가복음 11장 22~23절에 기초하여 '믿음의 기도'에 대해 짤막하게 전했다. 그리고 주님께서 이 말씀을 통해 제 삶 가운데 행하신 일 두 가지를 전하였다. 그리고 전도사님에게 "아버님은 일어나실 거예요. 식사도 하실 거예요. 활동도 하시고 뛰기도 하실 거예요"라고 하였다. 그 얘기를 들은 전도사님의 목소리에 약간 힘이 실렸다. "전도사님, 감사합니다. 저도 말씀대로 해볼게요"라고 하였다. 전화를 끊었다. 내 말을 들어준 전도사님이 고마웠다.

그 이후로 시간 될 때마다 집에서는 식구들과 교회에서는 성도님들과 전도사님 아버지를 위해 기도했다. 그러다 하나님께 맡겨지는 마음이 들어서 이전처럼 기도하지 않았다. 그러면서도 한편으로 "전도사님이 그대로 할까?" 하는 생각을 했다. 그렇다고 다시 전화를 걸어서 일러준 대로 잘하고 있는지 물어볼 수도 없는 일이었다. 그저 잘 되기를 바랄 뿐이었다.

산소 호흡기 떼지마!

2월 7일이 되었다. 교회에서 집으로 갈 때 차 안에서 아내와 함께 조 전도사님의 아버지와 전도사님의 근황을 궁금해하는 말을 나누고 있었다. 그런데 바로 그때 전도사님으로부터 문자가 왔다. 나쁜 말을 한 것도 아닌데 주님께서 우리 대화를 다 들으신다는 생각에 놀랐다.

전도사님의 문자는 이런 내용의 짤막한 글이었다.

"믿음대로, 말씀대로 역사하시는 하나님을 경험하는 간병의 시간으로 기억될 것 같습니다. 또 하나님께서 행하신 일을 증거할 수 있는 기회를 주신 여호와 하나님께 찬송과 영광을 드립니다."

전도사님의 문자로 인해 놀라고 기뻤다. 하나님께서 전도사님 아버지에게 구체적으로 어떻게 역사하셨을까 하는 궁금함이 생겼다. 집에 도착하여 전도사님에게 전화했다. 전도사님도 기쁨이 충만한 가운데서 그간에 있었던 일들을 이야기

하였다.

"처음에 아버지는 심근경색으로 병원에 입원하여 수술을 받았어요. 그런데 뇌출혈이 왔어요. 거기에다 폐렴, 급성 심부전증이 복합적으로 와서 약도 쓸 수 없는 상태가 되었어요. 아버지는 입과 코에 산소호흡기를 끼고 있었어요. 마치 식물인간처럼 누워만 계셨어요. 아버님의 이런 모습을 서울대학병원에서 근무하는 외삼촌이 보셨어요. 돌아가시기 직전이라고 하시더군요. 이 말을 들은 어머니와 이모, 삼촌 등 온 가족이 병원에 와서 저에게 '이제 아버지는 가망이 없으니 산소호흡기를 떼자'라고 했어요.

저는 어머니와 가족들에게 산소호흡기를 떼면 안 된다고 했어요. 절대로 못 뗀다고 했어요. 절대로 떼지 말라고 했어요. 그랬더니 외삼촌이 '얘가, 대학에서 철학 공부하면서 90도 돌더니 이제 신학 하면서 90도 더 돌아 180도 완전히 돌았네. 제정신이 아니네~ 아니야~'라고 하더군요. 그래도 다시 울먹이면서 어머니에게 '엄마, 아버지 안 죽어! 살아난다고! 호흡기 떼지 마!'라고 했더니 어머니와 가족들이 호흡기 떼는 것을 포기하더라고요.

그리고 우리 아버지를 위해 손 전도사님과 통화한 이후로 시작했던 다니엘의 기도(단 6:10)를 계속했어요. 참 신기한 것은, 기도하면 아버지의 상태가 좋아지고 기도를 게을리하거나 내려놓으면 아버지의 상태가 나빠지곤 했어요. 그래서 도저히 기도를 쉴 수가 없었어요. 그렇게 계속 기도하던 중에 어느 날 아버지가 의식을 찾았어요. 일어나서 식사도 하시고요. 지금은 퇴원하셔서 활동도 하시고 계세요."

서로 너무나 기쁘고 감격스러워서 여호와 라파의 하나님께 깊은 감사와 찬양을 올려드렸다.

조 전도사님은 이번 사건으로 인해 하나님께서 자신에게 말씀하시는 음성을 들었다고 하였다. 그것은 신학에만 몰두하고 기도를 소홀히 하여 성령 충만하지 못한 것에 대한 책망이었다. 그래서 이로 인해 회개를 많이 했다고 하였다.

제3부

잃은 양을 찾기까지

Chapter 21

산 할머니

어느 겨울날 계수동 우리 집 바로 앞에 있는 할미산에 올라갔다. 할미산은 신앙촌의 오만제단이 있던 곳이다. 산에서 아래를 내려다보니 마을 전체가 한눈에 들어왔다. 위에서 보니 마을의 지붕이 다닥다닥 붙어있고 건물들이 더욱 허름하고 낡아 보였다. 저 안에서 기약도 없이 매일의 삶을 살아간다 생각하니 답답함이 느껴졌다. 주님이 언제 이곳에서 빠져나가게 해주실지를 생각하며 "주님, 도대체 언제입니까? 도대체 언제까지 이 계수동에 있어야 합니까?"라는 푸념 어린 말을 했다.

그리고 산 중턱을 이리저리 돌다가 놀라운 것 하나를 발견했다. 큰 십자가였습니다. 흙과 지푸라기와 나무로 지은 허름한 집 뒤편에 있었다. "어떻게 이단의 본거지인 이곳에 십자가가 세워져 있지? 그것도 오만제단이 아주 가까운 이곳에 십자가가 있지? 분명 집주인이 예수 믿는 사람임이 틀림없다." 반가웠다. 마치 적진에서 아군을 만난 것과 같은 큰 기쁨이 있었다. 과연 어떤 분일까? 궁금해서 집 주변을 살폈다. 문 앞에서 "계세요? 계세요? 아무도 안 계세요?"라고 큰 소리로 불렀는데 인기척이 없었다. 묶어놓은 개 한 마리가 우렁찬 소리로 짖을 뿐이었다. 나중에 아내와 함께 와 봐야지 하고 산에서 내려왔다. 집에 와서 아내에게 산 중턱에서 십자가를 봤다고 하니 놀랐다. 어떻게 이 지역에 그것도 오만 제단이 있는 할미산에 십자가가 있느냐고 하면서 함께 가보자고 했다.

다음 날 함께 갔다. 나이 든 남자 한 분이 무언가를 수리하고 있었다. 다가가서 "실례합니다."라고 하니 "누구시죠?" 한다. "예, 저희는 저 아래 계수동 마을 하나교회에서 온 목사와 사모입니다."라고 했더니 "그러세요"라고 한다. 그때 한 할머니가 손에 그릇을 들고 밖으로 나왔다. 김갑순 할머니이셨다. 아내가 "안녕하세요?" 하니 "누구요?" 하였다.

"예, 저희는 저 아래 계수동 마을에 있는 하나교회의 목사와 사모입니다."

"그래요?"

왠지 좀 경계하는 눈빛이었다.

"근데, 여기 무슨 일로 왔나요?"

"예 제가 어제 처음으로 이 산 중턱에 올라왔는데 할머니 집 뒤 편에 있는 커다란 나무 십자가를 봤습니다. 이곳은 주로 신앙촌 사람들이 사는 지역인데 어떻게 여기에 십자가가 있을까? 궁금하기도 하고 반갑기도 해서 왔습니다."

그러자 할머니가 "그래요?" 하면서 들어오라고 하였다.

집 안으로 들어갔다. 집의 구조가 입구 왼쪽에 아궁이가 있고 가운데는 조그마한 마루가 있었다. 그리고 오른쪽에 가스렌지와 가재도구가 쌓여있었다. 나무와 진흙과 지푸라기로 된 담 앞에는 LPG 가스통 세 개가 놓여져 있었다. 안쪽에는 큰 방이 있고, 그 안쪽에 두 개의 쪽방이 따로 있었다. 한눈에 봐도 아주 오래된 집이라는 것을 알 수 있었다.

아내가 "할머니, 여기 사신지가 오래되셨나요?"라고 물으니 "오래됐지. 올해가 52년째야"라고 하였다.

"그래요?"

할머니는 자신이 한때 교회에 다녔을 뿐 아니라 은혜를 많이 받았다고 하였다. 십자가는 밖에 있는 아들이 세워놓은 거라고 하였다. 아들이 들어왔다. 모 고등학교 교감 선생님으로 근무하다가 정년퇴직을 한 후 홀로 사시는 어머니를 돌보러 일주일에 두세 번씩 온다고 하였다. 우리를 좀 더 자세히 소개한 다음 차후에 뵐 것을 약속하고 산에서 내려왔다.

불쌍하구나, 불쌍하구나

그 이후로 아내와 둘이서 할머니를 자주 찾아뵈었다. 할머니도 좋아하셨다. 시간 될 때마다 옛날이야기를 해주셨다. 주로 신앙과 관련한 얘기였다. 할머니가 어떻게 주님을 만나게 됐는지 궁금해서 물어보았더니 자세하게 얘기해주었다.

"어렸을 때 엄마를 따라 예배당에 갔지. 시집갈 때 우리 부모님은 사위 될 사람에게 '예수 믿지 않는 사람에게는 내

딸을 줄 수 없네'라고 하자 예수님을 믿겠다고 했었지. 그래서 혼례를 치렀는데, 아들을 낳고 둘째 딸을 낳은 후 남편은 내가 교회가 가는 것을 몹시 싫어했어.

어느 날인데 술을 먹고 와서 내가 교회를 다닌다는 이유로 마구 때리는 거야. 주먹으로 치고, 발로 차고, 머리카락을 휘어잡아 벽에다 찧고, 거기에다 몽둥이로 내 몸을 사정없이 내려치더라구. 머리에서는 피가 흐르고 팔과 다리는 전혀 움직일 수 없을 정도가 되었지. 그 상태에서 기절했어.

새벽이 되었는데 아이의 울음소리가 들려서 눈을 떴지. 얘(옆에 있는 아들)가 '엄마, 죽지마! 엄마, 죽지마!'하는 울음소리에 깬거야. 내가 어떻게 방에 누워있게 되었나 나중에 알고 보니 옆집 사람들이 데려다가 눕혀 놓은 거야. 머리부터 발끝까지 통증이 심해서 숨을 쉴 수가 없을 정도였지. 입에서는 계속 피가 흘렀지. 마음속으로 '야~ 이러다가 죽는구나'라고 생각했지. 그러다가 또 의식을 잃었어. 그리고 다시 새벽이 되어서 눈을 떴어.

통증은 여전한데 창호지를 바른 방문 밖에서 아주 환한 빛이 방 안에 비취더니 그 빛 한가운데 예수님이 서 계신거야. 그렇게 누워있는 나를 향해 '불쌍하구나~ 불쌍하구나~'라고 하시는 거야. 그 두 마디 말씀이 있고 난 후 그 빛이 사라졌어. 예수님의 말씀(요 6:63)을 들으니까 살 수 있을 것 같은 마음이 들더라고.

다음날부터는 밭에서 나는 무가 그토록 먹고 싶더라고. 그래서 옆집 아기 엄마가 올 때 '무, 무'라고 했더니 무를 긁어서 조금씩 떠 먹여줬어. 하루가 지나고 사흘이 지나고 이레 정도 지났을까? 그때부터는 조금씩 움직일 수 있게 되었지. 내가 그 집에 계속 있게 되면 또다시 맞아 죽을 것 같아 아이 둘을 데리고 그 집에서 도망쳐 나왔지. 그 이후로 두 아이를 키우려고 길거리에서 좌판을 펴놓고 장사를 했어. 안해 본 것 없이 다 해봤어. 그러는 가운데서도 더 열심히 믿음생활(고후 1:8-10)을 했지"라고 하였다.

할머니의 지나온 삶을 들으니 할머니가 존경스러웠다. 죽도록 두들겨 맞으면서까지 믿음을 지켜낸 것이 참으로 위대해 보였다. 할머니의 얘기를 들으면서 주님 안에서 형제자매 사랑을 느낄 수 있었다. 할머니의 살아오신 이야기를 들은 이후로 더욱 친한 사이가 되었다.

그때 이후로 우리 하나교회에서 예배도 드리고, 우리 집에도 가끔 놀러 왔다. 그리고 우리도 할머니 집에 가서 정기적으로 심방 예배를 드렸다. 음식을 함께 나누기도 하고 가고 싶은 곳에 모셔드리기도 했다. 할머니는 힘든 일이나 어려운 일이 있으면 우리에게 도움을 청하시곤 하였다. 때로는 아들보다 우리가 더 편하다고 하였다.

오른손을 잃을 뻔 하다

그러던 어느 겨울날이었다. 그날도 할머니를 심방하여 아내와 함께 은혜로운 예배를 드렸다. 예배 중에 은혜를 많이 받아서 다들 기쁨으로 충만해 있었다. 방에서 마루를 거쳐 아궁이를 오른쪽으로 하고 문을 나섰다. 내가 먼저 나가고 아내가 그 뒤를 잇고 그 뒤로 할머니가 뒤따라 나왔다. 그런데 할머니가 키우는 큰 개가 문 앞에 있었다. 이름이 '진실이'이다. 처음 십자가를 발견했을 때 우렁차게 짖던 바로 그 개였다. 나무와 나무 사이에 빨랫줄을 연결하고, 그 사이에 고리를 끼워 일정 구간 개가 자유롭게 다닐 수 있게 되어 문 앞에까지 온 것이다.

눈앞에 있는 진실이가 사랑스럽게 보였다. 무심코 진실이의 머리를 쓰다듬어 주려고 머리에 손을 올렸는데 머리를 뒤로 살짝 빼는 듯하면서 순식간에 내 오른손을 자기 입에 넣었다. 나는 놀라서 손을 진실이 입에서 확 뺐다. 겨울철이라 장갑을 끼고 있어서 천만다행이었다. 그렇지 않았다면 오른손을 잃었을 것이다. 뒤따라 나온 할머니는 제 손을 물었다는 이유로 진실이를 때리며 멀리 보냈다.

놀란 가슴을 추스르고 웃으면서 할머니께 인사를 드리고 집에서 나왔다. 산에서 내려오면서 장갑을 벗어 손바닥과 등을 살펴보았다. 가운데 손가락을 중심으로 손의 안과 밖이 날카로운 이빨에 긁혀 손목에까지 검은 피멍이 들고 피가 나고 있었다. 게다가 통증이 있어서 얼얼했다. 정말 큰 일이 날 뻔했다는 생각이 들었다. 집에 와서 아이들에게 얘기했더니 "아빠, 개의 악력이 얼마나 샌 줄 아세요?"라고 하면서 놀란다. "정말 아빠는 운이 좋은거예요"라고 하였다. 옆에서 아내가 "주님께서 아빠 손을 지켜주신거야"라고 하였다. 손에 피멍과 통증이 사라지는 데 거의 한 달이 걸렸다. 손을 볼 때마다 또 통증을 느낄 때마다 주님께 감사가 저절로 나왔다.

집이 불타다

어느 겨울 주일 오후였다. 마을에 싸이렌 소리가 크게 났다. 교회 창문으로 소리 나는 쪽을 바라보니 집 근처에서 큰 기둥의 연기가 하늘로 치솟았다. 큰불이 난 것이다. 그곳을 향해 달려갔다. 큰 산불이었다. 그런데 그 발화점이 김갑순 할머니 집이었다. 할머니는 어떻게 되셨나 하는 안타깝고 다급한 마음에 먼저 온 사람들에게 물어보았다. 다행히도 아들이 할머니를 속히 대피시켜서 생명에는 지장이 없다고 하였다.

그런데 할머니가 화재 초기에 다급하게 불을 끄려다가 바람으로 인해 불꽃이 할머니에게 덮쳐서 화상을 입었다. 아들의 말에 의하면, 가스렌지 위에 음식을 데우려다가 불이 번진 것 같다고 한다. 다섯 대의 소방차가 와서 사방에서 산불을 끄고 있었다. 소방 헬리콥터는 가까운 과림저수지에서 물을 퍼다가 화재의 중심부에 물을 뿌렸다. 소방대원들이 불을 끄고 있는데 할머니 집의 기둥과 벽들이 하나씩 무너져내렸다. 잠시 후 뻥 하는 큰 소리가 났다. 가스통이 터진 것이다. 다행히도 다친 소방관은 없었다. 불은 3시간쯤 지나서 완전히 꺼졌다.

다음 날 할머니 아들에게 전화해서 할머니의 상태를 물으니 알려주었다. 부천에 있는 화상 전문병원에 입원해 있다고 하였다. 아내와 함께 갔다. 병실에 들어서니 눈과 입만 빼고 얼굴을 모두 붕대로 감아놨다. "할머니, 천만다행이에요. 하나님께서 할머니를 지켜주셨어요!"라고 하니 "목사님, 사모님 어떻게 여기까지 오셨어요?"라고 하며 거듭 감사하다고 하였다. 위로하고 기도해 드린 후, 병실에서 나왔다. 할머니는 그 후 며칠 뒤에 건강한 모습으로 퇴원하였다. 그리고 아들 집으로 들어가셨다.

할머니는 50년 넘게 살아온 집과 동네를 떠나는 것이 아쉽고, 아들 집에서 생활하는 것이 갇혀 사는 것 같아서 힘들었는지, 어느 날 우리 집에 오셨다. 짐까지 싸가지고 왔다. 아들에게는 동네 친구 만나러 간다고 해놓고 우리 집에 온 것이다. 와서는 사정하듯 말했다. 방세를 줄테니 방 하나를 내어 달라는 것이다. 같이 살자고 하였다. 저희를 좋게 보시는 할머니의 그 말이 고맙기도 했지만 난처하기도 했다. 방도 방이지만, 할머니의 아들이 어떻게 생각할까 하는 생각이 들었다. 할머니 아들과 통화를 했다. 아들은 깜짝 놀라면서 절대 그러면 안 된다며 곧장 우리 집으로 와서 할머니를 모시고 갔다. 그 이후로 할머니를 뵙지 못했다. 그 연세에 큰 지팡이를 짚고 산을 오르락내리락 하던 할머니의 모습이 지금도 눈에 선하다.

Chapter 22

다시

특별한 감동

2016년 8월 어느 날이었다. 습관을 따라 주님과 시간을 보내기 위해서 교회로 갔다. 거의 매일 성경을 읽는데 그날은 마가복음 2장을 읽을 차례였다. 먼저 에베소서 1장 17~19절 말씀을 가지고 잠깐 기도했다. 그리고 1절부터 읽어나갔다.

"수 일 후에 예수께서 다시 가버나움에 들어가시니 집에 계신다는 소문이 들린지라"

이어서 2~12절까지 읽고 13절에 이르렀다.

"예수께서 **다시** 바닷가에 나가시매 큰 무리가 나왔거늘 예수께서 그들을 가르치니라."

나는 성경을 읽을 때 주로 구절과 단어의 의미가 와닿고, 깨달아지고, 믿어져서 은혜를 받는다. 그런데 그날은 의미가 아니라 단어 그 자체가 와닿았다. 특별히 '다시'라는 글자가 툭 튀어나와 내 심령 안으로 쏙 들어왔다. '다시'라는 말은 반복(Again), 회복(Recovery), 부흥(Revial), 재림(Second Coming), 새롭게(Renew) 등의 의미가 있다.

주님께서 뭔가 말씀하려 하시는 것 같다는 게 느껴졌다. 또 다른 편으로는 주님의 의도와는 상관없이 내가 성경을 아전인수식으로 대하는 게 아닌가 하는 생각이 들었다. 하지만 주님은 우리에게 다양한 방법으로 말씀할 수 있다는 생각에, "13절 이후를 읽어가다가 또 '다시'라는 단어가 나오면 주님께서 내게 뭔가 말씀하시는 것으로 알자"라고 여겼다(렘 1:11-12).

긴장된 마음으로 또 한편으론 마음을 비우고 계속 읽어 내려갔다. 2장 28절까지 읽고 3장 1절을 읽는데 '다시'가 또 등장했다.

"예수께서 **다시** 회당에 들어가시니 한쪽 손 마른 사람이 거기 있는지라"

'다시'라는 단어로 인해 주님의 임재가 느껴졌다. 계속 읽어 내려갈수록 주님의 임재가 더 강해졌다. 20절에 또 '다시'가 나타났다.

"집에 들어가시니 무리가 **다시** 모이므로 식사할 겨를도 없는지라."

20절에 이르러서는 주님께서 내게 하고자 하시는 말씀이 무언가 있다는 확신이 들었다. 3장 35절까지 읽고 4장 1절을 읽었다.

"예수께서 **다시** 바닷가에서 가르치시니 큰 무리가 모여들거늘 예수께서 바다에 떠 있는 배에 올라 앉으시고 온 무리는 바닷가 육지에 있더라"

더 이상 읽어 내려갈 수 없을 만큼 주님의 임재가 무거웠다. 마음의 감동과 함께 눈물이 쏟아졌다. 의자에 앉아 있을 수 없어서 바닥으로 내려와 무릎을 꿇었다. 마치 주님께서 내 앞에 서 계신 것처럼 느껴졌다.

“주님, 오늘 읽은 ‘다시’라는 단어를 통해 제게 하고자 하시는 말씀이 무엇입니까? 저는 잘 모르겠습니다. 왜, 이 시점에서 제게 ‘다시’라는 말씀을 하시는지요? 가르쳐 주세요”라고 말씀드렸다. 아무 말씀이 없으셨다. 그냥 주님의 임재 안에서 한참을 울고 또 울었다. 그리고 다시 한번 기도했다.

“주님, ‘다시’라는 말씀의 의미를 잘 모르겠지만 주님의 선하시고 기뻐하시고 온전하신 뜻이 이루어지기를 원합니다. 주님의 이름이 높임과 영광을 받으시옵소서!”

그리고 일어나서 의자에 앉아 한참을 생각했다. 주님께서는 지금 무슨 의미로 ‘다시’를 말씀하신 걸까?

“예수께서 대답하여 이르시되 내가 하는 것을 네가 지금은 알지 못하나 이 후에는 알리라”(요13:7)

하나님의 나라와 의를 위한 기도 모임

이 일이 있은 지, 며칠 후에 나라와 민족에 대한 기도 부담이 더욱 가중되었다. 그래서 주변의 형제자매들에게 함께 기도하자고 문자를 보냈다. 평균적으로 두세 명이 하던 모임이 한 주 사이에 열 명으로 늘어났다. 2주 후에는 열여섯 명의 사람들이 모였다. 정말 많은 인원이 모인 것이다. 기적이었다. 놀라운 하나님의 손길이었다. 유명 강사를 초청한 것도 아닌데 빈민촌 계수동에서 "하나님의 나라와 의를 위해서" 순수하게 기도하러 이렇게 많은 수가 모인 것은 분명 하나님의 놀라운 역사였다. 그중에는 문자를 받거나 누군가로부터 소식을 들은 것도 아닌데 스스로 찾아온 분들도 있었다. 참으로 하나님은 모든 상황 가운데서 어떠한 일도 하실 수 있는 분이시다.

모임 하루 전날인 8월 24일 마음속으로 "누가 얼마나 올까?" 하는 생각을 했다. 그래서 평소처럼 예배당 한쪽에 의자 서너 개만을 놓고 기도 모임을 인도하려고 했다. 그런데 아내가 "목사님, 앞으로는 그러면 안 될 것 같아요. 사람들이 평소보다 많이 올 것 같은데요. 목사님이 강단에서 인도하시면 좋을 것 같아요."라고 했다. 그래서 "그래요?"라고 하고 강단에서 인도할 수 있도록 준비했다. 그런데 실제로 그렇게 많은 사람이 온 것이다.

하나님의 나라와 의를 위한 기도 모임에 형제자매님들이 꾸준히 나와서 함께 기도했다. 특별히 2016년 8월부터 2017년 5월까지는 울 기력이 없을 정도로 함께 부르짖으며 금식하며 기도하게 되었다.

개에게 물리다

어느 날 기도 모임을 마치고 집으로 돌아가는 분들을 배웅

하기 위해 교회 건물 앞 공터 주차장으로 나갔다. 교회 옆에 있는 공장 사장 친구의 개가 목줄이 풀린 채로 우리 앞으로 달려왔다. 개 주인은 괜찮겠다고 생각하고 저만치 서 있었다. 주인이 풀어놓은 것으로 보아 개가 순할 것으로 생각했다. 그런데 우리 앞에 오더니 으르렁거렸다. 특히 내 앞에서 끓어오르듯 으르렁댔다. 개의 몸짓과 으르렁거림이 상대를 물기 직전의 상태임을 전혀 몰랐다. 곧이어 개는 미친 듯이 내 오른쪽 신발에서 시작하여 종아리와 허벅지를 사정없이 물어뜯었다. 순식간이었다. 개의 이빨은 마치 면도날과 같았다. 그날따라 얇은 바지를 입어서 상처가 더 깊었다. 신발과 옷이 찢기고 다리에 피가 흘렀다. 뒤따라오던 자매님들이 놀라서 소리를 질렀다.

그제야 견주가 달려와서 개를 저지했다. 미안하고 또 미안하다고 하였다. 목줄을 끌러놓은 것에 대해 순간 마음이 어려웠지만, 지역교회의 담임목사로서 참아야 했다. 견주의 차를 타고 급히 병원으로 향했다. 견주 내외분이 함께 탔는데 계속 괜찮냐고 물었다. 통증이 그렇게 심하지 않음을 느꼈다. 치료받으면 되니 너무 걱정하지 않아도 될 것 같다고 했다. 치료를 받으러 가면서 개에게 물릴 때 함께 있던 세 사람 중에 내가 물려서 다행이라는 생각이 들었다. 4주 동안 치료를 받았다.

개 물림에 대한 트라우마를 이기다

몸은 치료가 됐는데 마음에 문제가 생겼다. 전에는 개와 마주치면 조심하는 정도였는데 두 번씩이나 물린 후로는 두려움이 생겼다. 개 물림에 대한 트라우마였다. 계수동에는 버려진 개들이 많았다. 특히 큰 개를 마주치면 몸과 마음이 어는듯한 느낌이 들었다. 한동안 힘든 시간을 보냈다. 그러다가 개는 조심의 대상이지 두려움이 대상이 아니라는 생각이 들었다. 그래서 개에 대한 두려움과 싸웠다. 특히 시편 23편 4절의 말씀을 붙들고 씨름했다. 어느 순간부터 두려움이 사라졌다. 완전한 승리를 거두었다.

Chapter 23

생활고

목회자 부부를 위로해 주신 목사님

일전에 서울, 독산동에서 목회하는 한 목사님이 치유 성회를 인도해 주었다. 함께 식사하는 자리에서 저희 부부에게 "목회하시면서 가정에 어려운 일 없으셨어요?"라고 물었다. 누구보다도 개척교회의 어려움을 잘 아는 목사님이 목회자 가정의 고충과 아픔을 물어봐 주시기에 그 질문 자체로 큰 위로가 되었다. 아내는 목회 중 너무나도 견디기 어려운 시기에 있었던 일들을 이야기하였다. 가슴이 너무 답답하고 아파서 정신이 이상해질 것 같은 극한 상황에서 한밤중에 집을 나가 울고 또 울부짖었던 일을 말하였다.

아내의 얘기를 들은 목사님은 내게 "목사님은 사모님이 그렇게 힘들어하실 때 어떻게 하셨냐?"고 물었다. "아내를 위해 금식하며 기도했습니다. 그것 외에 제가 할 수 있는 일이 없었습니다."라고 했더니 목사님이 칭찬하셨다. 그리고 이어서 목사님이 개척교회 시절 힘들었던 일들을 이야기해 주었다. 나와 아내에게 큰 위로가 되었다.

개척교회 목회자 가정이 공통으로 겪는 어려움

목회자들이 교회를 개척한 후 공통으로 겪는 어려움 중 하나가 재정에 관한 것이다. 우리도 예외가 아니었다. 아내가 직업을 가지면 덜 어렵겠지만 목회의 형편상 일을 할 수 없었다. 이유는 하나교회에 기도하러 오거나, 교제하거나 신앙 상담을 받고자 하는 분들 대다수가 자매님들이었기 때문이다.

재정적으로 어려운 생활 형편과 관련하여 한번은 이런 일이 있었다. 신대원을 다닐 때였다. 돈을 벌 때는 그 가치를 느끼지 못했던 50원, 100원, 1,000원이 크게 여겨진 사건이었다.

어느 겨울철이었다. 버스비 50원이 부족해서 학교에서 집에까지 걸어왔다. 찬바람을 맞고 먼 거리를 힘겹게 걸어왔기에 몸 상태가 많이 안 좋았다. 다음 날 아침 서둘러서 학교로 향했다. 평소에는 주로 수업 시간 1시간 전에 학교에 도착하는 데 그날은 좀 늦었다. 버스에서 내려 학교까지 뛰어갔다. 정문에서부터는 산 중턱까지 올라가는 데 힘이 들었다. 강의실에 도착하니 교수님이 출석을 부르는 중이었다. 아쉽게도 내 뒷번호의 이름을 불렀다. 지각처리 됐다.

문제는 위의 과목이 지각처리 되는 바람에 아주 근소한 차이로 성적장학금을 받지 못하게 된 것이다. "필요에 따라 50원이 50원이 아니구나. 그 50원이 후에 150만 원도 될 수 있구나." 지극히 작은 것이 소중하다는 것을 다시 깨닫게 되었다.

또 한 번은 교통카드의 충전금액이 100원 부족했다. 교통카드가 처음 나왔을 때는 승차 시 카드를 찍을 때 금액이 부족하면 다음에 충전하여 사용하면 미지급분이 자동으로 빠져나갔다. 그러다가 하루아침에 방침이 바뀌었다. 그것을 모르고 소사역에서 버스를 타려고 카드를 찍었다. 잔액 부족이라고 했다. 그래도 버스 안으로 들어갔다. 빈 좌석은 없었고 서너 명이 서 있었다. 나도 안전바를 잡고 서 있는데 운전기사가 큰 소리로 "버스비가 없으면 타지 말아야지. 잔액이 부족한데 왜 타요!"라고 하면서 화를 냈다. 처음에는 내게 하는 말인 줄 몰랐다. 나는 당연히 다음에 충천하면 자동으로 빠져나갈 것이기에 "충전해야겠네"라고만 생각하고 있었다.

그런데 버스 안에 몇몇 사람들이 나를 빤히 쳐다보는 것을 보고 그제야 운전기사가 내게 하는 말이라는 것을 알아챘다. 운전기사에게 충전하면 미결제가 자동으로 결제되는데 왜 그러냐고 말을 하려다가 하지 않았다. 자칫 더 큰 부끄러움을 당할 것 같았다. 운전기사의 질책하는 말로 인해 순간 초라한 마음이 들었다. "내가 지금 뭐하는 거지?" 하는 생각 때문에 버스를 타고 오는 내내 마음이 어려웠다.

또 어느 겨울날은 집에 가스가 끊겼다. 쌀도 바닥이 났다. 잠을 잘 때 추워서 매트 위에 이불을 있는 대로 다 깔았다. 그래도 새벽이 되면 추웠다. 아이들이 감기 걸릴까 염려가 됐는데 다행히도 괜찮았다. 그 와중에 점심때 손님이 온다고 하였다. 아내는 몇 개 있는 라면을 끓여드려야겠다고 했다.

부루스타 가스버너를 사용하여 점심을 대접했다.

저녁에 아이들에게 밥을 먹여야 했다. 수중에 몇천 원이 있었다. 다음날 지출을 생각하니 사용할 수 있는 돈이 1,000원뿐이었다. 집에서 가까운 원종시장에 갔다. 재래시장이라 쌀을 되로 파는 곳이 있었다. 천 원어치만 줄 수 있겠냐고 하니 봉지에 담아서 주었다. 가벼웠지만 가족이 두 끼 정도는 먹을 수 있어서 기뻤다.

어느 날 초등학교에 다니는 두 아이가 소풍을 간다고 했다. 도시락을 싸서 보내야 하는데 돈이 한 푼도 없었다. 빈손으로 보내야 한다면 차라리 보내지 않는 것이 아이들에게 상처가 덜 될 것 같았다. 고민하다가 문득 떠오른 생각이 최근에 교통카드에 만원을 충전한 게 생각났다. 돈을 환불하면 아이들 소풍비로 쓸 수 있다는 생각이 들었다. 부끄러움을 무릅쓰고 또 거절당할 것을 감수하고 정류장 옆 버스카드 충전소에 갔다. 충전소 주인에게 “죄송합니다. 사정이 있어서 그러니 충전한 금액 일부를 환불해 줄 수 있나요?”라고 했더니 두말하지 않고 카드를 달라고 했다. 확인하더니 8천 원을 환불할 수 있다고 했다. 8천 원을 들고 집으로 오면서 아이들 소풍 보낼 수 있다는 마음에 감사했다.

또다시 생활비가 바닥이 났다. 쌀도 반찬도 일부 양념도 없는 상태가 되었다. 당장 다음날 아이들 밥을 해서 먹여야 하는데 걱정이 되었다. 고민하고 기도하다가 집에서 키우고 있는 화분이 생각났다. 개당 몇만 원씩 주고 산 것이다. 이 밤에 어디에다 팔 수 있을까? 문득 아파트 입구에 새로 입점한 부동산이 생각났다. 아깝지만 5만 원에 팔아서 또 한 번의 재정적 위기를 넘겼다.

어느 날은 큰아이의 신발에 구멍이 났다. 비가 오면 양말이 젖어서 불편해했다. 아내가 아이에게 신발을 사주어야겠다고 했다. 가지고 있는 돈이 12,500원이었다. 아이와 아내가 시장에 신발을 사러 갔다. 그런데 가다가 길에서 구걸하는 한 할머니를 보게 되었다. 아내는 불쌍하게 보여 가지고 있던 돈 전부를 할머니에게 드렸으면 하는 마음이 들었다. 하지만 아이의 신발이 마음에 걸렸다. 갈등하는 가운데 아이의 신발에 대한 마음은 내려지고 불쌍한 할머니를 긍휼히 여기는 마음이 커졌다. 하나님께서 주시는 감동이라 여기고 가지고 있던 돈 전부를 할머니에게 드렸다(막 12:44). 고맙게도 아이가 잘 이해해 주었다. 아내는 그 얘기를 하면서 하나님이 할머니를 만날 수 있게 해 주신 것, 불쌍히 여기는 마음을 주신 것, 드릴 수 있었던 돈이 있었던 것, 아이의 이해와 더불어 드릴 수 있는 믿음과 용기를 주신 것에 감사하고 기뻐했다.

이 외에도 재정적 어려움으로 힘들 때가 많았지만 주님의 도우심으로 그때그때 어려움을 이겼다. 진정 주님께서 다 이기게 하셨다. 그 사연을 다 말하자면 책 한 권으로도 부족할 것 같다. 그저 하나님께 감사하고 또 감격할 따름이다.

Chapter 24

첫 열매

아내가 잠시 직장생활을 할 때 일이다. 직장을 구하기 전, 가정의 네 식구 한 달 생활비가 60~70만 원 정도였다. 집세와 관리비를 빼면 30만 원으로 한 달을 살아야했다. 때로는 그 돈도 없어서 여러 달 밀렸다. 한동안 아이들과 함께 간장과 고추장에만 밥을 먹어야 했다. 쌀이 떨어질 때도 있었지만, 그래도 이곳저곳에서 보내주는 쌀로 인해 밥은 먹을 수 있었다.

그러한 상황에서 아내가 직장을 구했다. 아내가 버는 돈으로 생활을 한다고 생각하니 마음에 여유와 풍성함이 느껴졌다. 월급을 받으면 아이들과 그동안 먹고 싶었던 것을 마음껏 먹어야겠다고 생각했다. 생각만 해도 좋았다.

그런데 어느 날 기도 중에 "네 재물과 네 소산물의 처음 익은 열매로 여호와를 공경하라 그리하면 네 창고가 가득히 차고 네 포도즙 틀에 새 포도즙이 넘치리라"(잠3:9-10)는 말씀이 생각났다. 아내에게 받은 말씀에 대해서 말했다. 아내는 흔쾌히 그러자고 했다. 그래도 이 말씀에 순종하여 첫 달에 받은 월급 전부를 드리려니 망설여졌다. 첫 열매를 다른 교회가 아닌 우리 하나교회에 헌금하여 우리 가정과 교회의 필요를 채우면 어떨까 하는 생각도 해 보았다. 하지만 그렇게 하는 것은 하나님 앞에서 순수하지도 정직하지도 않게 여겨졌다. 그래서 다른 교회에 보내기로 했다. 신학교 동기 전도사님이 시무하는 개척교회에 드리기로 했다. 그래야 참으로 하나님께 드려지는 것이라는 확신이 들었다.

월급 받는 날이 며칠 앞으로 다가왔다. 아이들의 필요로 인해 다시 갈등이 왔지만 한번 정한 뜻을 그대로 시행하기로 했다. 힘들지만 그래도 죽지 않고 살아왔는데 한 달의 월급이 없다고 어떻게 되겠나 하는 생각과 주님께 드리는 것이니 더 좋은 것으로 갚으실 거라는 믿음을 가졌다. 마음에서부터 첫 월급이 완전히 내려놔졌다. 예수님의 종으로서 돈을 지배하고 다스리는 자가 되자. 하나님의 말씀이 삶의 방식인 가정과 교회가 되자고 다짐했다. 그런 삶을 살게 해 달라고 기도했다.

급여일이 되었다. 동기 전도사님 교회에 첫 열매를 기쁨으로 보냈다. 생활이 어려운 상황에서 하나님께 드릴 수 있는 믿음과 순종을 주심에 감사했다. 헌금을 보내고 나서 기도하는데 감격의 눈물이 쏟아졌다. 용기와 확신이 올라왔다. 앞으로도 형편에 따라 살지 말아야지. 어떠한 경우라도 말씀만을 따라 살아야지. 믿음으로 살아야지(마4:4, 롬1:17)라는 결의가 생겼다.

첫 열매를 드리고 난 후, 다음 달 월급이 들어오기까지 힘들었다. 반찬으로 두 아이에게 호박 된장국을 끓여주고 싶은데 500원짜리 동전 하나뿐이었다. 마트에 호박을 사러 갔는데, 개당 가격이 600원이었다. 다른 마트로 갔는데 그곳도 600원이었다. 그래서 또 다른 마트를 갔는데 그곳도 600원이었다. 그래도 포기하지 않고 집에서 좀 더 떨어진 마트를 갔다. 반갑게도 그곳은 500원이었다.

호박 하나를 사서 집으로 오는데 아이들에게 된장국에 밥을 먹일 수 있다는 사실로 좋았다. 비록 500원짜리 호박 하나밖에 살 수 없는 형편이었지만 평안하고 기뻤다. 정말 마음이 뿌듯했다. 하늘을 향해 "주님, 감사합니다. 정말 감사합니다. 예수님 사랑합니다"라고 하였다.

그 일이 있은 지 몇 년 후에, 첫 열매를 주님께 온전히 드린 것이 우리 가정을 향한 하나님의 시험(Test)이었다는 생각이 들었다. 하나님과 돈, 그 둘 중에서 어떤 것을 섬길 건가(마 6:24)에 대한 시험이었다. 그 시험에서 합격했다는 확신이 들었다. 주님께서는 그 승리의 전리품으로 첫 열매를 드린 것보다 100배가 넘는 재정의 복을 교회와 가정에 부어주셨다. 주님을 찬양합니다. 할렐루야.

Chapter 25

나의 영원한 분깃과 기업

힘든 결정

신대원 1학년 어느 주일이었다. 이날은 우리 가정이 안산의 교회를 방문하는 날이다. 담임목사님이 꼭 한번 와서 함께 식사 하자고 한 날이었다. 전부터 말했지만, 사정이 여의치 않아 미루고 또 미루다가 찾아뵙겠다고 한 날이었기에 꼭 가야만 했다. 문제는 헌금도 선물도 할 수 없을 뿐 아니라, 자동차의 기름도 없다는 것이었다. 하루 전부터 주유등이 켜져 있었다. 그 상태에서 섬기는 교회의 주일 낮 예배를 다녀왔는데 또 안산까지 다녀와야 했다.

"가야 하나 말아야 하나? 시내 도로만이 아니라 고속도로를 달려야 하는데 가다가 멈추면 어떻게 하나? 큰 사고라도 나면 어떻게 하나?"

깊은 고민과 갈등에 빠졌다. 목사님과의 약속 시간이 점점 다가왔다. 아내가 "어떻게 할거에요?"라고 묻자 "어떻게 해야 할지 나도 잘 모르겠어요."라고 말했다. 아내가 "기도해보세요."라고 하였다. 그래서 작은 방에 들어가서 기도하는데 시간에 쫓기는 상태여서 기도가 잘되지 않았다. 방에서 나왔다가 다시 들어가서 기도했다. 그래도 어떻게 해야 할 줄을 몰랐다. 아내와 아이들은 내 결정만을 기다리고 있었다.

이번엔 아이들이 "아빠 어떻게 해요? 가요, 안가요?"라고 했다. 그래서 어떻게 해야 할지 모르겠다고 했더니 둘째 아이가 "아빠, 믿음으로 가요! 아빠가 그랬잖아요. 할 수 있거든이 무슨 말이냐. 믿는 자에게는 능치 못할 일이 없다(막 9:23)고 하셨잖아요. 그러니까 믿음으로 가요."라고 하였다. 아이의 그 말을 듣고 마음속으로 "쟤가 지금 상태가 어떤 줄 모르고 저런 말을 하네"라고 생각했다.

고민 끝에 한 번 더 기도해보고 결정을 내리겠다고 했다. 다시 작은 방에 들어가 무릎을 꿇었다. 다른 무엇보다도 이 상황에서 기름값이 없다는 이유로 가는 것을 포기하면 아이들에게 믿음의 본을 보일 수 없을 것 같았다. 하나님의 말씀이 진리라는 것, 말씀을 믿고 행하면 그 말씀대로 이루어진다는 것을 알려주고 싶었다. 그래서 상황이 어떻게 전개될지 모르겠지만 말씀에 의지하여 가기로 했다. 정말 "갈 바를 알지 못하고"(히11:8) 출발하는 것이었다.

계단을 내려와 주차장으로 향하는데 여호수아 3장 14~17절이 생각났다.

"백성이 요단을 건너려고 자기들의 장막을 떠날 때에 제사장들은 언약궤를 메고 백성 앞에서 나아가니라 요단이 곡식 거두는 시기에는 항상 언덕에 넘치더라 궤를 멘 자들이 요단에 이르며 궤를 멘 제사장들의 발이 물가에 잠기자 곧 위에서부터 흘러내리던 물이 그쳐서 사르단에 가까운 매우 멀리 있는 아담 성읍 변두리에 일어나 한 곳에 쌓이고 아라바의 바다 염해로 향하여 흘러가는 물은 온전히 끊어지매 백성이 여리고 앞으로 바로 건널새 여호와의 언약궤를 맨 제사장들은 요단 가운데 마른 땅에 굳게 섰고 그 모든 백성이 요단을 건너기를 마칠 때까지 모든 이스라엘은 그 마른 땅으로 건너갔더라"

특별히 "제사장들의 발이 물가에 잠기자 곧 위에서부터 흘러내리던 물이 그쳐서"라는 말씀이 심령에 와닿았다. 그래서 그 말씀에 근거하여 믿음으로 예언적 행동을 했다. 바닥에 신발로 요단강을 의미하는 두 줄을 그렸다. 그리고 그 앞에서 우리에게 주어진 상황을 놓고 간절한 마음으로 주님의 도움을 구했다. 그러고 나서 그림의 요단강을 건넜다. 뜨거운 마음과 함께 눈물이 쏟아졌다.

아빠, 지금 천사가 우리 차를 밀어주고 있어요

아내와 아이들이 내려와서 차에 탔다. 합심하여 힘있게 기도한 후 출발했다. 원종사거리를 지나서 SK 주유소가 있는 곳에 이르렀을 때 큰아이가 "전능하신 나의 주 하나님을 부르자"고 하였다. 그래서 "할렐루야!"하고 함께 부르기 시작했다.

"전능하신 나의 주~ 하나님은 능치 못하실 일 전혀 없네. 우리의 모든 간구도 우리의 모든 생각도 우리의 모든 꿈과 소망도. 신실하신 나의 주 하나님은 우리의 모든 괴로움 바꿀 수 있네~ 불가능한 일 행하시고 죽은 자를 일으키시니 그를 이길자 아무도 없네~ 주의 말씀 의지하여 깊은 곳에 그물 던져~ 오늘 그가 놀라운 일을 이루시는 것 보라~ 주의 말씀 의지하여~ 믿음으로 그물던져~ 믿는 자에겐 능치 못함 없네~"

이 찬양을 부르고 또 불렀다. 차 안에서 부흥회를 했다. 모두 믿음 충만, 성령 충만하게 되었다. 뜨거워졌다. 불안이 사라지고 평안과 담대함이 임했다.

고속도로에 진입했다. 갑자기 "달리다가 갑자기 멈추면 어떻게 하나? 뒤따라오는 차들과 충돌하면 어떻게 하나? 그러면 대형 사고가 날텐데"하는 두려움이 생겼다. 방언으로 기도했다. 아내도 기도했다. 시흥과 군포를 지나고 안산에 가까이 왔을 때 뒷좌석에서 둘째 아이가 "아빠, 지금 천사가 우리 차를 밀어주고 있어요!"라고 했다. 그러자 아내와 내가 "아멘!"하였다.

실제로 천사가 밀어주고 있는지 아닌지 알 수는 없지만, 아이의 말로 위로가 되고 큰 힘이 되었다. 차는 오랫동안 주유등이 켜져 있는 상태로 잘 달리고 있었다. 정말, 천사가 밀어주고 있나 하는 생각이 들 정도였다.

안산 톨게이트까지 왔다. "수중에 천 원짜리 한 장 있는데 요금이 그 이상이면 어떻게 하지?"라는 생각을 했는데, 다행히도 통행료가 정확히 천 원이었다. 고속도로를 빠져나오니 안심이 되었다. 하지만 목적지까지는 어느 정도 더 가야 했다. 네비게이션이 없어서 사람들에게 물어물어 갔다. 길을 잘못 들어서 일정 구역을 한 바퀴 돌기도 했다. 드디어 교회에 도착했다.

차를 멈추고 난 후 크게 심호흡을 했다. "휴~" 그리고 주님께 감사드렸다. "주님, 감사합니다. 감사합니다." 아내도 주님께 감사했다. 극도의 긴장 속에서 벗어난 뒤에 얻은 평안이라 감사가 절로 나왔다. 이곳까지 오는 게 너무 큰 모험이요 큰 기적이었다. 차 안에서 다시 한번 감사하며 앞으로의 일정을 맡기는 기도를 드렸다.

이 상태에서 또 가요?

차를 교회에서 좀 떨어진 곳에 주차했다. 돌아갈 때 시동을 걸었는데 기름이 없어서 차가 움직이지 못하거나 조금 가다가 서버리면 목사님 사모님에게 너무 죄송할 것 같았다.

예배당에 들어서니 목사님과 사모님께서 반갑게 맞이해 주었다. 나와 목사님이 사무실에서 차를 한 잔 나누며 이런저런 얘기를 나누었다. 대화를 하는 중에도 차에 기름이 없는 것으로 인해 가슴이 조마조마했다. 차를 마신 후, 목사님께서 저희 식구를 데리고 걸어서 갈 수 있는 교회 가까운 식당에서 밥을 사주실 걸로 생각했다. 그런데 교회에서 좀 떨어진 고잔 신도시에서 식사하자는 것이었다.

그때부터 심장 박동수가 빨라지기 시작했다. 마음속으로 교회 승합차로 갔으면 좋겠다고 생각했다. 교회를 나오면서 목사님이 내게 "차를 어디에 주차해 놓으셨어요?"라고 하였다. "저쪽에 했습니다"라고 하니까, 목사님은 "저와 사모는 제 승용차로 앞서 갈테니 뒤따라 오세요"라고 하였다. 대답은 "예~"했는데, 마음속으로 "부천에서 여기 안산까지 겨우 왔는데 이곳에서 또다시 고잔신도시까지 가야 한다니"라는 생각에 아찔했다. 가다가 차가 도중에 멈추면 망신당하는 건 둘째치고 목사님과 사모님에게 너무 죄송할 것 같아 가슴이 조마조마했다.

아내와 아이들을 차에 태우고 운전석에 앉았다. 심호흡을 한 번 하고 배에 힘을 주고 시동을 걸었다. 그때부터 기도가 저절로 되었다. "주님, 멈추지 않게 해주세요. 목적지까지 잘 가게 해주세요. 주님~ 주님~"하며 목사님 차를 뒤따라갔다.

고잔신도시에 들어섰다. 그런데 앞서가던 목사님의 차가 갑자기 멈추었다. 저와 아내가 놀라서 "왜? 갑자기"하는데 목사님의 차 문이 열리더니 사모님이 우리 차로 다가왔다. 여기서부터 식당까지는 사모님이 안내해드려야 한다면서 저희 차 뒷좌석에 아이들과 함께 탔다. 그렇지 않아도 빠르게 뛰는 심장 박동수가 더 빨리 뛰는 것 같았다. 순간 저와 아내는 서로 얼굴을 쳐다보며 "가다가 차가 멈추면 어떻게 하나? 사모님이 주유등이 켜 있는 것을 보시면 안되는데?"하는 생각에 가슴이 철렁 내려앉았다. 뒷좌석에 계신 사모님에게 주유등이 보이지 않도록 신경을 쓰며 운전을 했다.

다행히도 차가 중도에 멈추지 않고 식당에 잘 도착했다. 모두 차에서 내려 식당으로 올라간 후 운전대를 잡고 다시 한번 "휴~"하고 심호흡을 했다.

식사를 맛있게 하고 식당에서 나왔다. 목사님과 사모님은 우리가 먼저 출발하라고 하였다. 목사님과 사모님이 보는 앞에서 혹시 시동이 꺼지거나 가다가 멈추면 안 되기에 "아닙니다. 먼저 출발하세요. 우리는 목사님 사모님 가시는 것 보고 출발하겠습니다"라고 했다. 목사님의 차가 먼저 출발했다. 안도의 한숨을 쉬고 우리 가족도 차에 탔다. 시동을 걸었다. 부천까지 안전하게 갈 수 있도록 함께 기도했다.

차를 서서히 움직여 고잔신도시에서 나오면서 아내와 아이들과 함께 여기까지 인도하신 하나님께 감사를 올려드렸다.

"여보, 오늘 하나님께서 우리에게 행하신 일이 놀랍지 않아요? 얘들아, 우리는 지금 하나님께서 행하시는 놀라운 기적 한가운데 있단다. 우리가 말씀에 의지하여 믿음으로 출발하여 지금에 이르기까지 하나님을 경험하고 있는 거야. 말씀이 현실 그대로 이루어진 현장 안에 있는 거야."

"여보, 아까 목사님의 차를 따라갈 때, 그리고 사모님이 갑자기 우리 차에 타셨을 때, 차가 멈출까 봐 얼마나 놀랐어요? 목사님과 사모님 앞에서 차가 멈추지 않아서 얼마나 다행인지 몰라요. 그리고 목사님이 먼저 출발하신 게 얼마나 기쁘고, 감사했는지 몰라요. 만약 두 분이 보시는 앞에서 차가 멈췄다면 얼마나 미안하고 죄송했겠어요"라고 하니 아내가 "정말 그래요. 너무 감사해요"라고 하였다.

고잔역을 향해 가는데 차가 푸르륵, 푸르륵하더니 힘을 잃었다. 급히 비상등을 켜고 최대한 우측 차선으로 붙였다. 시동이 꺼지면 다시 켜기를 반복하며 앞으로 조금씩 조금씩 나아갔다. 고잔역 건너편 버스 정류장에까지 왔다. 차가 더 이상 움직이지 않았다. 그 정류장은 다른 정류장과는 달리 꽤 길고 주행차선에서 안쪽으로 푹 들어가 있어서 매우 안전했다. 우리를 안전지대(시12:5)에 두신 것으로 인해 다시 감격하고 감사했다.

자동차 보험회사에 연락했다. 긴급출동차가 왔다. 기사는 규정상으로는 3리터를 넣어 주게 되어 있는데 8리터를 넣었다고 하였다. 감사하다고 하고 다시 차에 탔다.

주님을 소유하다

안산을 나와 시흥시 시화에 들어섰다. 석양에 노을이 졌다. 오래전 시화에서의 일이 생각났다. 가깝게 지내던 전도사님이 이곳에 교회를 개척하여 서울, 마천동에서 시화까지 괴나리봇짐 하나를 들고 내려오게 되었다. 여기서 결혼을 했다.

두 아들이 태어난 곳도 여기이다. 뜻깊은 지역을 지나고 있다고 생각하니 감회가 깊었다.

왼쪽 건너편으로 임마누엘 교회가 보였다. 아내와 아이들에게 임마누엘 교회라고 하니 이 교회를 다닌 것도 아닌데 옛날 생각이 났는지 매우 반가워했다. 뒷좌석에서 큰아이가 "우리 임마누엘 찬양 드려요"라고 한다. 우리 가정이 자주 드렸던 찬양 중 '임마누엘'이란 이란 곡이 있었다.

"임마누엘~ 임마누엘~ 그 이름은 임마누엘~ 우리와 함께 하네~ 예수님은 임마누엘~"

다시 차 안에서 부흥회가 시작되었다. 집을 나설 때는 뜨거운 부흥회였는데 들어갈 때는 고요한 부흥회였다. 석양의 노을을 바라보며 오늘 주님께서 함께해 주신 순간들을 생각하며 "임마누엘" 찬양을 부르고 또 부르니 더욱 은혜가 되었다.

시흥을 지나서 부천으로 진입할 즈음에 아내와 아이들이 곤하게 잤다. 운전하며 "임마누엘" 찬양을 드리는데 눈물이 많이 났다. 오늘 모든 위기와 위험한 상황에서 구원하여 주신 은혜가 너무 감사해서 흘리는 눈물이었다. 수중에 천 원짜리 한 장 없는 가난한 상태였지만, 가다가 또다시 차가 멈출 수도 있는 상황이었지만 그래도 참 평안하고 좋았다. 그 순간 마치 내가 하나님을 소유한 자 같았다. "내가 이스라엘 자손 중에 네 분깃이요 네 기업이니라"(민18:20). 앞으로 무슨 일을 만나도 능히 감당할 수 있겠다는 믿음과 열정으로 충만해졌다. 그리고 이 세상 그 누구와도 비교할 수 없을 만큼의 큰 행복감이 밀려왔다. 주님께 너무 감사해서 집에 도착하면 찬양을 드리며 춤이라도 추고 싶은 심정이었다.

Chapter 26

위험했던 순간들

지역적으로 험한 계수동에서 목회하다 보니 재정적 어려움 외에도 여러 번 큰 위기와 위험에 직면하게 되었다.

하루는 아내와 함께 밤에 버스를 타고 시흥의 낯선 지역에 도착했다. 그런데 기사분이 우리를 정류장이 아닌 왕복 8차선 도로 한가운데 내려주는 바람에 뒤에서 힘있게 달려오던 승용차에 치일 뻔했다. 그때 한 발자국만 더 나아갔다면 아내가 크게 다치거나, 사망했을 수도 있었다.

또 하루는 큰아이가 갑자기 앞이 안 보이는 상태에 있다가 다시 보게 되었다. 그리고 화장실에서 몇 번 쓰러지기도 했다. 둘째 아이는 이유도 없이 얼굴이 하얗게 되며 식은땀을 흘리다가 다시 회복되었다. 또 목욕탕에 가서 온탕에서 나오다가 순간적으로 바닥에 엎어져 턱과 목 사이가 찢어져 응급실에 실려 가기도 했다. 다행히도 턱 밑에 몇 바늘 꿰매는 것으로 치료되었다.

죽이겠다는 협박을 받다

개에게 두 번 물리는 사고 외에도 나라와 민족을 위한 50일 특별 철야기도를 할 때, 두 번이나 나를 죽이겠다는 협박을 받았다. 50일 중 15일째 되는 날 밤 10시 30분경 아내와 함께 집에서 교회로 내려오는 좁은 골목에서 한 남자가 튀어나오더니 내 옷을 잡고 쌍욕을 하며 "죽이겠다"고 위협을 했다. 이유를 물으니 대답은 하지 않고 계속 욕을 퍼부으며 죽이겠다는 것이다. 놀라기도 하고 한 편으론 겁이 나기도 했지만, 목회자로서 마을 사람들에게 사랑과 정직함으로 대했기에 담대했다.

그리고 이틀이 지나서 비슷한 시간에 같은 장소에서 그 남자가 또 나를 붙잡고 욕을 하면서 죽여 버리겠다고 하였다. 그래서 도대체 무엇 때문에 죽이겠다고 하느냐고 물었더니 "누구는 주고 누구는 안 줘?"라고 하면서 다시 죽이겠다는 위협을 하였다. 더 이상 상대를 해주면 안 되겠다 싶어서 무시하고 그 자리를 피했다. 그리고 교회로 가면서 생각했다. "누구는 주고 누구는 안 줘?"라는 말이 귓가에 맴돌았다.

두 사람의 얼굴이 떠올랐다. 그중에 한 사람과 있었던 일이다. 어느 날 마을에 낮술을 먹고 길에서 누워있다가 내가 지나갈 때 벌떡 일어나서 내 손을 붙잡고 "선생님, 돈 좀 빌려주십시오. 매달 국가로부터 나오는 돈이 있으니 꼭 갚겠습니다. 먹고 살기가 어려우니 도와주십시오."라고 했다. 그때 주머니에 돈이 있었으면 얼마라도 주었을 것이다. 평상시에도 그렇지만 그때도 수중에 돈이 없었다. 그래서 가진 것이 없어 도와드리지 못해 미안하다고 했다. 그 말을 하자 즉시 손을 밀치며 안 좋은 말을 했던 사람이다. 바로 그 사람이 나를 죽이겠다고 한 것이다.

다른 한 사람은 위의 일이 있은 지 4개월 후에 알게 되었다. 어느 주일 낮 예배 때 한 남성이 모자를 꾹 눌러 쓴 채 슬그머니 문을 열고 들어왔다. 그리고 한 쪽에 앉았다. 예배가 끝났으니 식사하고 가라고 했다. 선뜻 그렇게 하겠다고 한다. 식사를 마친 후, "목사님, 사실 부탁이 있습니다. 제가 생활이 많이 어렵습니다. 돈 좀 빌려주십시오. 꼭 갚겠습니다"라고 하였다. 그 말을 듣는데 마음이 답답했다.

한때 마을에 병으로 고생하는 분을 도운 일이 있었다. 우리는 도움을 준 것 때문에 그분이 복음을 받아들일 줄 알았다. 그런데 오히려 역효과가 났다. 복음에는 관심이 없고 오로지 물질적인 도움만 바라는 것을 보았다. 그래서 그 이후로는 돈이 오히려 복음의 장애가 될 수 있다는 것을 알고 재정이 있어도 돈으로 하지 말고 말씀과 기도로만 하기로 굳게 결심했다.

그런 경험이 있어서 요청을 들어주자니 복음에 걸림이 될 것 같고, 안 들어주자니 불쌍하기도 했다. 난처했다. 그때는 재정이 조금 있었다. 아내와 의논한 후 3만 원을 주기로 했다. 주기 전에 교회의 방침을 알렸다. 어렵다고 하니 이만큼만이라도 돕겠다. 주님께서 주시는 것이라 여기시고 갚지 않아도 된다고 하였다. 그러자 코가 바닥에 닿을 정도로 고개를 숙이며 거듭 고맙다고 하며 돌아갔다.

그랬던 그 사람은 나를 죽이겠다고 말한 사람 옆집에 살았는데 나중에 하나교회로부터 받은 도움에 대해서 그에게 말했다. 그로 인해 그가 사람을 차별한다는 이유로 나를 죽이겠다고 한 것이다. 그 사건이 있고 나서 나를 죽이겠다고 한 사람은 바로 아래 집에 사는 할아버지를 실제로 죽이려다 살인미수로 감옥에 갔다.

늦은 밤에 술을 먹고 떠들기에 할아버지가 "조용히 해!"라고 한 말에 화가 나서 저지른 일이다. 평소에 온화하고 부지런한 할아버지는 내게 그 위험했던 상황을 세세히 얘기해주었다. 그리고 그때 생긴 대문에 칼자국을 보여주었다. 할아버지는 간발의 차이로 끔찍한 일을 면할 수 있었다. 천만다행이었다. 할아버지는 아직도 두려움이 남아있어서 말하는 내내 몸을 부들부들 떨며 흥분을 가라앉히지 못했다.

Chapter 27

홈스쿨링

큰아이는 초등학교 6학년, 작은 아이는 4학년 때 홈스쿨링을 시작했다. 아이들을 어렸을 때부터 거룩한 하나님의 사람으로 키워보고자 하는 열망 때문이었다. 그래도 한동안 해야 하는가, 말아야 하는가 하는 깊은 고민과 갈등을 했다. 홈스쿨링을 하는 부모들의 얘기도 들어보고, 일정 기간 합심으로 기도도 하고 금식기도도 했다. 하지만, 아이들을 위해 어떤 것이 옳을지 결론을 내리지 못했다.

그러다가 우리 부부가 아이들을 위해 최상이라고 여기는 것을 선택하기로 했다. 그리고 한 번도 가보지 않은 낯선 길이지만 가보기로 했다(롬 8:28).

가르치라 가르치라

'홈스쿨링'

말 그대로 학교에 가는 대신에 집에서 생활하는 것이다. 유익한 것도 있었지만 어려움도 많았다. 특히 아빠와 엄마가 교회를 개척 중이어서 시간도 재정도 없었고, 아이들을 가르칠 실력도 없었기에 아이들의 고생이 많았다. 홈스쿨을 시작하고 2년쯤 지났을 때였다. 아이들에게 검정고시라도 준비시

켜야겠다 싶어서 최소한의 학업능력을 테스트해 보았다. 결과는 심각했다. 솔직히 절망적이었다. 그렇다고 아이들을 탓할 일은 아니었다. 아내와 이런저런 대책을 논의했지만, 방법을 찾지 못했다. 학교를 다시 보내자니 최소 한 학년을 꿇어야 했다. 아이들도 자존심이 상할 것 같은지 싫다고 했다. 대안학교를 보내자니 돈이 없었다. 하던 대로 그냥 하자니, 아이들을 바보로 만들 것 같았다. 이러지도 저러지도 못하는 사이에 시간만 보냈다. 참 답답하고 애가 탔다.

그러던 어느 날 가깝게 지내던 한 사모님이 아내에게 "인천에 사는 모 집사님이 대안학교를 하신대요"라고 한 말이 생각났다. 그래서 아내에게 전화해보면 어떻겠냐고 물어보았다. 아내가 전화했다. 학교 측에서는 아이들과 함께 와보라고 하였다. 아내는 목회자 가정으로서 학교 측에 누가 되면 어떻게 하나 하는 생각에 부담이 컸는지 못 보낼 것 같다고 하였다. 그러던 중, 아내는 교회에서 홀로 아이들로 인해 부르짖으며 눈물로 기도하였다.

"하나님, 어떻게 해요? 하나님, 어떻게 해요."

오랜 시간을 그렇게 답답한 마음을 쏟아놓았다. 그런데 기도를 마칠 때가 돼서 33, 66의 숫자가 떠오르면서 시편 119편이 생각이 났다. 그래서 "하나님께서 시편 119편 33절과 66절을 보라고 하시는구나"라고 여기고 시편 119편을 펼쳤다.

"여호와여 주의 율례들의 도를 내게 가르치소서 내가 끝까

지 지키리이다"(33절)

"내가 주의 계명들을 믿었사오니 좋은 명철과 지식을 내게 가르치소서"(66절)

위의 두 구절에 나오는 "가르치소서"라는 말씀이 하나님께서 두 아이를 "가르치라"는 명령으로 와닿았다. 그래서 아이들을 데리고 대안학교에 가게 되었다.

대안학교는 규모는 작았지만, 예수님 안에서 형제자매들로 구성된 아름답고 따뜻한 학교였다. 사랑이 많으신 원장님을 비롯하여 훌륭한 선생님들, 좋은 친구들, 헌신적인 부모님들 모두가 천사와 같은 분들이었다. 세상은 말할 것도 없고 교회 안에서조차 만나보기 힘든 순수하고 사랑이 넘치는 소중한 분들이었다. 목회자 자녀라는 이유로 학비에서부터 교과서, 악기 등등 모든 것에 있어서 많은 혜택을 주었다. 아이들은 그동안 못한 공부를 그곳에서 한꺼번에 다 할 수 있었다.

맞아, 바로 그 교회야!

그뿐 아니라 그곳에서 만난 선생님들과 학부모님들은 우리 하나교회를 사랑하여 기도와 물질로 힘껏 도왔다. 놀라운 사실이 하나 있다. 아이들을 이 학교에 보내기 몇 년 전에 하나교회 창립 예배를 드렸는데 그 예배에 참석한 한 남자 집사님이 헌금을 드리면서 마음속으로 "하나님, 이 하나교회에 헌금을 많이 드리고 싶은데 지금 하는 일이 어려워서 이만큼

밖에 못 드리지만, 앞으로 형편이 좋아지면 재정적으로 돕겠습니다."라는 기도를 했다. 나와 아내는 그 사실을 전혀 몰랐다. 하나님과 그 집사님과 집사님의 아내 되시는 분 외에는 알 길이 없는 일이었다. 그런데 어느 날 대안학교의 학부모 모임 시간에 돌아가면서 자기소개를 하는 데 아내 차례가 되었다.

"저는 누구누구의 엄마이고요. 부천 복사골 계수동에서 하나교회를 섬기고 있는 사모입니다." 아내의 말을 듣고 있던 한 아이의 엄마는 "몇 년 전에 우리 남편이 부천에 있는 어느 교회(그때 이름은 '연세교회'였다) 창립 예배에 가서 이런 기도를 했는데, 그 교회가 바로 하나교회 아니야?"라는 생각이 들었다고 하였다. 그래서 집에 가서 남편에게 얘기했더니 "맞아, 바로 그 교회야!"라고 했다는 것이다.

그 얘기를 들은 나와 아내는 하나님의 인도하심에 그저 놀랄 뿐이었다. 더 놀라운 것은 집사님의 아이가 우리 아이들이 이 학교에 들어가기 얼마 전에 들어왔고, 또 우리 아이들이 들어간 후 얼마 후에 다른 학교로 옮겼다는 것이다. 우리 아이들이 조금만 늦게 들어갔어도 그리고 집사님의 아이가 좀 더 일찍 다른 학교로 옮겨갔어도 집사님의 가정을 영영 만나지 못했을 것이다. 우리의 기도에 신실하게 응답하시는 하나님. 하신 말씀에 한 치의 오차도 없이 정확하고 놀랍게 역사하시는 하나님을 찬양합니다. 아멘.

Chapter 28

슛 골인

2013년 7월 26일이었다. 작은아이는 친구들이 있어서 자주 놀러 나갔다. 큰아이는 또래의 아이가 없어서 집에서 인터넷 강의를 듣거나 피아노 학원에 가거나 큐브를 했다. 안쓰러워서 좀 놀아줘야겠다 싶어서 아이가 좋아하는 농구장에 갔다.

날씨가 무척 더웠다. 뙤약볕에서 시합을 두 번 했다. 실제 농구 경기를 하는 것처럼 했기에 몸을 많이 움직였다. 첫 번째 게임은 여섯 골을 먼저 넣는 사람이 이기는 것으로 했다. 내가 연이어 세 골을 넣었다. 잠시 쉬었다가 다시 시작했는데 이번에는 아이가 내리 여섯 골을 넣었다.

첫 시합을 종료하고 잠깐 휴식을 가진 후 내가 아이에게 두 번째 시합으로 자유투를 하자고 제안했다. 아이와 더 함께 놀아 주고 싶었다. 여섯 골을 먼저 넣는 사람이 이기는 것으로 했다. 내가 먼저 연이어 두 골을 넣었다. 그런데 그다음부터는 골이 들어가지 않았다. 나만이 아니라 아이도 골을 넣지 못했다. 땡볕에서 둘이 교대로 슛을 해 보았지만 연이어 실패했다. 각자 수십 번은 던졌을 것이다. 하지만 다른 때와 달리 이상할 정도로 골이 들어가지 않았다. 얼굴과 온몸에 땀이 흘렀다. 내가 "누구라도 좋으니 빨리 골을 넣고 경기를 끝냈으면 좋겠다"라고 했더니 아이도 그랬으면 좋겠다고 한다. 중간중간에 골이 들어가면 힘이 날 텐데 아예 들어가지 않으니 더 빨리 지친 것이었다. 그렇다고 중간에 그만두고 싶지는 않았다.

계속 슛을 던졌지만 연이어 실패했다. 그런데 그렇게 지친 가운데 내 마음 깊은 곳에서 믿음이 생겼다. 성령님에 의한 것이었다. "아, 내가 곧 나머지 골을 넣겠구나"하는 확신이 들었다. 그래서 아이에게 지금부터 골이 들어갈 거라고 했더니, 아이가 믿지 않았다. "여태껏 안 들어갔는데 들어가겠어요?"라고 했다. 내 입으로 "슛 골인!"하며 던졌지만 실패했다. 하지만 다음 차례에 마음을 차분하게 하고 믿음으로 "골인!"하며 던졌다. 그랬더니 들어갔다.

아이에게 믿음의 말을 하고 던지면 골인이 된다고 했더니 자기도 하는 것이었다. 하지만 "슛, 골인!"하고 던졌는데 노골이었다. 미안했다. 다시 내 차례가 되었다. 공을 두세 번 바닥에 튀기는데 들어갈 것에 대한 확신이 있었다. 그 상태에서 던졌더니 또 골인이었다. 다음도, 그다음도 골인이었다.

Chapter 29

월드컵 우승팀 독일

2014년 7월 14일은 2014년 브라질 월드컵 결승전이 있는 날이었다. 나는 월드컵 경기에 별로 관심이 없었다. 월드컵 기간인 줄도 몰랐다. 그런데 홈스쿨링을 하는 두 아이에게는 매일의 심심함을 없애줄 재미있는 흥미거리였다. 축구팬처럼 경기 보기에 열심이었다.

결승전이 열리기 얼마 전에 독일과 프랑스의 8강전이 있었다. 큰아이가 이 경기를 보고 있었는데 내가 화면 가까이 다가가자, 아이가 일어나 화장실에 갔다. 아이의 의자에 앉아 잠깐 경기를 보았다. "독일이 잘하네"라고 생각했다. 이어서 "이번 월드컵 우승은 독일이 하겠구나"라는 내적 확신이 있었다. 8강전의 경기 결과는 독일이 1:0으로 이겼다.

독일과 프랑스의 8강전에 대해서 아이들과 얘기를 나누는데 4강전에서는 독일과 브라질이 붙는다고 한다. 아이들은 브라질이 이길 거라고 하였다. 내가 독일이 이길 거고 이번 월드컵 우승은 독일이 할 거라고 하자 아이들은 독일은 브라질에 비하면 상대가 되지 않는다고 큰소리쳤다.

4강전이 열렸다. 경기가 끝난 후 큰 아이가 "아빠! 어느 나라가 이겼는지 아세요? 몇 대 몇으로 이겼는지 아세요?"라고 했다. "어디가 이겼니?"하고 물으니 독일이 이겼다는 것이다. 몇 대 몇으로 이겼냐고 했더니 "7:1로요." 그 말을 듣고 "그것 봐 아빠 말이 맞지"라고 했더니, 4강에서는 독일이 이겼지만 결승전에서는 아르헨티나가 이길 거라고 했다. 독일보다 아르헨티나가 훨씬 강하다는 것이다. 그 말에 내가 "독일이 우승할 거야"라고 했다.

드디어 독일과 아르헨티나의 결승전이 열리는 7월 14일이 되었다. 나도 경기를 보고 싶었는데 새벽예배로 인해 볼 수가 없었다. 하지만 독일이 우승할 것에 대한 확신이 있었다. 새벽 설교를 마치고 기도 중에 독일의 우승을 미리 알게 된 게 참으로 놀랍다는 생각이 들었다. 기도를 마치고 집에 도착하여 계단을 오르는데 "이 시간이면 결승전이 끝났을 텐데, 혹시 만에 하나 독일이 졌으면 어떡하지? 아빠가 아이들에게 실없어 보이면 안 되는데"라는 생각이 들었다가 곧바로 다시 독일이 이긴 것에 대한 확신을 붙들었다.

힘차게 대문을 열었다. 큰아이가 반기며 말한다. "아빠! 어디가 이겼는지 아세요?"라고 묻기에 "어디가 이겼니?"라고 물었습니다. "독일이 이겼어요!" "그것 봐라. 아빠가 독일이 이긴다고 했잖아"라고 하였다. "몇 대 몇으로 이겼는지 아세요? 1:0으로 이겼어요"라고 하였다. 독일이 우승한 것으로 인해 나도 놀랐다(행27:9-11).

그날 아침 식사 자리에서 아내와 아이들에게 성령님으로

인한 확신이 그대로 확증된 것을 이야기했다. 큰아이는 “아빠, 축구황제 펠레도 독일이 우승할 거라고 했대요”라고 하였다. 그 얘기를 듣고 마음속으로 “나는 이번 월드컵 우승에 대해서 아는 것이 전혀 없었는데, 성령께서 알려주시니 펠레 수준으로 알게 되었네”라며 흐뭇해했다.

그런데 나와 큰아이가 대화하는 말을 들은 아내가 재정과 관련하여 하나님의 음성을 들었으면 하는 바람으로 “당신은 그런 쓸데없는 것에만 음성을 듣지 말고 실생활에 필요한 것을 좀 들으세요”라고 해서 그 말에 서로 웃었다.

Chapter 30

F-35A

어느 날 저녁 뉴스를 보게 되었다. 대한민국 차세대 전투기 선정과 관련한 내용이었다.

"방위사업청이 차기 전투기 단독후보로 미국 보잉사의 F-15 SE를 상정하겠다고 청와대에 보고했습니다. 역대 공군 참모총장들이 스텔스 전투기 확보를 주장한 것을 비롯해 논란이 끊이지 않고 있지만, 방사청은 현 절차에 따라 차기 전투기 기종을 결정하겠다는 뜻을 밝혔습니다. 차기 전투기 기종은 추석 연휴 이후 열리는 방위사업추진위원회에서 선정됩니다"(2013. 9. 13. SBS 뉴스).

이 보도를 보며 "어~ 일본, 중국, 러시아 등 주변 국가들은 스텔스기로 무장하는데 그러면 당연히 우리나라도 스텔스기로 들여와야 하는 거 아니야? 스텔스 보다 기능이 약한 F-15SE로는 혹시나 모를 주변국들의 위협에 대처할 수 없을 텐데. 그리고 한번 결정하면 삼십 년 동안 바꿀 수 없는데. 방사청에서 뜻하는 대로 결정하면 어떻게 하지?"라고 걱정을 했다.

다음날 오후 홈스쿨링 중에 있는 두 아이에게 위의 상황을 이야기했다. 그리고 하나님께 F-15SE에서 스텔스 기능이 탁

월한 F-35로 바꿔 달라고 합심하여 기도하자고 했다. 아이들은 따라주었다. 이때 아내는 어린이집에서 근무하고 있었다.

각자의 찬송과 성경을 가지고 한자리에 모였다. 찬송을 드린 후 마태복음 18장 18~20절을 함께 읽었다.

"진실로 너희에게 이르노니 무엇이든지 너희가 땅에서 매면 하늘에서도 매일 것이요 무엇이든지 땅에서 풀면 하늘에서도 풀리리라. 진실로 다시 너희에게 이르노니 너희 중의 두 사람이 땅에서 합심하여 무엇이든지 구하면 하늘에 계신 내 아버지께서 그들을 위하여 이루게 하시리라 두세 사람이 내 이름으로 모인 곳에는 나도 그들 중에 있느니라"

그리고 주여, 삼창으로 기도했다. 기도가 깊어지면서 하나님의 임재를 느낄 수 있었다. 짧게 기도한 줄 알았는데 시간이 꽤 지났다. 그리고 며칠 후, 다음과 같은 기사를 접했다.

"차세대 전투기 24일 확정… F-15SE 단독후보 상정

첨단 전투기 60대를 도입하는 3차 차세대 전투기(FX) 사업의 기종이 24일 최종 결정된다. 방위사업청 관계자는 17일 김관진 국방부 장관 주재로 방위사업추진위원회(방추위)가 24일 오후 2시 열린다며 FX 사업 기종 결정 안건이 상정될 거라고 밝혔다. 미국 록히드마틴의 F-35A와 유럽항공방위우주산업(EADS)의 유로파이터는 총사업비 8조 3000억 원을 초과해 최종 기종 선정 대상에 오르지 못한 만큼 미국 보잉의 F-15SE가 단독후보로 상정될 예정이다. 이에 앞서 방사청

은 13일 박근혜 대통령에게 F-15SE를 FX 단독후보로 방추위에 상정하겠다고 보고했다. 방사청은 방추위에 기종 결정 안건과 함께 종합평가에 참여한 3개 회사 기종들에 대한 평가도 보고할 예정이다. 군과 정치권 일각에서는 예산을 늘려서라도 스텔스 성능이 뛰어난 전투기를 도입해야 한다는 주장을 강하게 해온 상황이어서 F-15SE로 기종이 최종 선정될 경우, 적지 않은 반발이 예상된다. 그러나 방추위에서 F-15SE 단독후보안을 부결시키고 FX 사업을 원점에서 재검토할 가능성은 거의 없는 것으로 전해졌다. 군 관계자는 사업 전면 재검토 시 공군 전력의 공백을 피할 수 없다며 단독후보안이 그대로 결정될 것으로 보인다고 말했다."(2013-09-17 00:00 뉴스A)

긴장도 되고 처음보다 더 걱정됐다. 이것은 반드시 막아야 한다는 마음이 강하게 들었다. 방사청에서 최종결정을 위한 회의 하루 전날, 아이들에게 차세대 전투기 선정과 관련하여 이야기하고 합심하여 기도했다. 처음 기도할 때보다 좀 더 길게 기도했다. 차세대 전투기가 F-35로 결정되게 해 달라고 간절히 부르짖어 기도했다. 나만큼이나 아이들도 간절한 마음으로 기도해주었다. 얼굴에 땀이 날 정도로 기도했다. 기도를 끝냈는데 함께 기도해 준 두 아이가 너무나 고맙고 사랑스러웠다.

다음날 방사청에서 최종결정과 관련한 회의가 다음과 같이 진행되었다.

"예산 8조 3천억 원이 투입되는 차기전투기 사업 기종을 결정하는 회의가 열리고 있습니다. 그동안 논란이 많았는데 단독후보로 상정된 보잉의 F-15SE가 최종 선정될지, 여부가 주목됩니다. 취재기자 연결합니다. 김지선 기자, 현재 논의가 진행중이라고요? [기자] 현재 국방부 회의실에서 김관진 장관 주재로 방위사업추진위원회가 열리고 있습니다. 이 회의에서 차세대 전투기 사업 최종 단독후보에 오른 F-15SE에 대한 최종 선정을 놓고 열띤 논의가 이루어지고 있습니다. 공군전력의 공백이 불가피한 상황이어서 현재로선 F-15SE가 차기 전투기로 선정될 가능성이 높은 상황입니다.(2013년 9월 24일 YTN 뉴스)

위의 상황에서 다음과 같이 변경되었다.

"우리 공군의 차기 전투기 사업 기종으로 단독후보에 올랐던 F-15 사일런트 이글이 결국 최종 심사에서 탈락했습니다. 방위사업청은 전투기 기종 선정 절차를 전면 재추진한다는 방침입니다. 국방부에 나가 있는 취재기자 연결합니다. 김지선 기자, 결국 사업을 원점에서 다시 추진하기로 했다고요? [기자] 결국 단독후보에 올랐던 F-15SE이 최종 심사에서 결국 떨어졌습니다. 이에 따라 우리 전투기 사업이 처음부터 다시 추진됩니다."(2013년 9월 24일 YTN 뉴스)

할렐루야! 놀랍고 감격스러웠다. 아이들에게 회의 결과를 얘기해주니 좋아했다. 아내에게도 말해주니 참으로 놀랍다고 하였다. 이어서 10월 10일에 국방부는 스텔스 기능이 뛰어난 록히드마틴사의 F-35를 들여오기로 최종결정을 하였다.

"[종합뉴스]지난 달 차세대 전투기 사업의 원점 재검토를 결정했던 국방부가 최근 미국의 F-35A를 도입하기로 최종결정한 것으로 전해졌습니다. 국방부가 최근 내부적으로 사업 방향을 확정했습니다. 수의계약으로 F-35A 60대를 들여온다는 계획입니다. F-35는 레이더 기능을 피하는 스텔스 기능이 뛰어나다는 평가를 받습니다. 군 소식통은 북한 핵 위협에 맞서 고성능 스텔스기를 들여와야 한다는 결론을 내렸습니다. 국방부는 우선 40대들 들여오고 나머지는 추가 예산을 편성해 20대를 더 들여올 계획입니다."(2013년 10월 10일 채널A 뉴스)

그리고 11월 22일에 사실상 확정이 되었다.

"<국방부 22일 회의서 사실상 결정>

차기 전투기 F-35A 수의계약 유력. 공군의 차기 전투기(F-X)가 스텔스 전투기인 미국 록히드마틴의 F-35A로 결정될 전망이다. 21일 군 당국에 따르면 국방부는 22일 합동참모회의를 열어 차기 전투기의 성능(ROC)을 결정한다. 공군은 레이더에 잘 잡히지 않는 스텔스 성능을 갖춘 전투기를 요청한 것으로 전해졌다. 이번 3차 F-X 사업에서 후보 기종인 미국 보잉의 F-15SE와 유럽항공방위우주산업(EADS)의 유로파이터 타이푼, F-35A 중 F-35A가 스텔스 성능이 가장 뛰어나다는 평가를 받고 있다. 군 관계자는 스텔스 성능과 관련해 F-35A 외에는 대상 기종이 없도록 조건을 만들어 합참에 요청한 것으로 안다고 말했다. 3차 F-X 사업은 사업비 규모가 8조 3000억 원으로 건국 이래 최대 무기 도입 사업이다. 군은 지난 9월 최종 기종을 결정하는 방위사업추진위원회에서 단일 후보인 보잉의 F-15SE를 부결시켰다."(2013년 11월 21일 한국경제)

그리고 8년 후인 2021년 11월 1일 다음과 같은 기사가 떴다.

"[단독] 北 민감해하는 F-35A 스텔스기 한미연합훈련 참가.

2019년부터 현재까지 32대의 F-35A가 국내에 도입됐고 이 달과 다음 달에 8대가 추가로 들어와 연내 40대 도입이 완료될 예정인 것으로 알려졌다."(신규진 기자 2021-11-01 17:45)

제4부

잃은 양을 찾다

Chapter 31

돼지우리

계수동에서의 하나교회는 한때 돼지우리와도 같았다. 애완동물을 키우는 분들 때문이다. 그중 한 분은 박성학 형제님이다. 하나교회에 오기 전에 오래 동안 교회를 다녔지만 단 하루도 술 없이 살 수 없는 분이었다. 그에게 애완견 한 마리가 있었는데 이름이 '예삐'였다. 한시도 홀로 두지 못하고 항상 같이 생활했다. 구멍가게 갈 때도 같이 가고, 잠잘 때도 옆에서 재우고, 교회에 올 때도 데리고 왔다.

예삐는 때때로 예배당의 바닥과 의자에 오줌도 싸고 심지어 생리도 했다. 형제님이 미안해서 스스로 닦기도 했지만 주로 나와 아내가 처리했다. 이로 인해 마음이 어려웠다.

또 한 성도님도 애완견을 교회에 자주 데리고 왔다. 어느 날 말씀을 전한 후 성도님들에게 안수해 주어야겠다 싶어서 한 사람 한 사람에게 다가가서 기도했다. 한 분의 머리에 손을 얹고 기도하고 또 다음 사람으로 옮겨가려고 했다. 그런데 내가 슬리퍼를 신은 상태에서 왼발에는 굵직한 똥을, 오른발에는 오줌을 밟고 있었다. 기도에 집중하다 보니 똥, 오줌을 못 본 것이다. 게다가 바닥의 데코타일과 애완견의 똥 색깔이 너무 비슷했다. 이날 따라 똥과 오줌을 얼마나 많이 싸놨는지 그날은 예배당이 정말 돼지우리와 같았다. 너무 심하다고 생각돼서 다음부터는 애완견을 데려오지 않았으면 좋겠다고 했더니 그 이후로 데려오지 않았다.

또 한 분은 홀로 사는 여집사님이다. 전부 오십 마리의 고양이를 키우는데 방에만 열세 마리가 있다. 고양이를 자식처럼 여겼다. 잠을 잘 때도 고양이와 함께 잠을 잔다. 교회에 고양이를 데리고 온 일은 없었지만 많은 고양이와 생활하다 보니 옷에 고양이 대소변에서 밴 냄새가 몹시 지독했다. 여름철 어느 주일 낮 예배 때는 그 냄새가 너무 심해서 숨쉬기 힘들 정도였다.

하나교회에 출석하는 모든 성도님뿐 아니라 계수동 사람들의 삶에 귀를 기울이면 그들이 지금 그만큼밖에 할 수 없는 가슴 아프고 기막힌 사연들이 있었다. 그래서 그들의 현실과 행동에 대해 이해하고 인내하는 것이 그리 어렵지 않았다.

간혹 외부에서 온 성도님들에게는 미안했지만 하나교회 형제자매님들이 예배 중에 찬송을 드리면서 눈물을 훔칠 때면 나와 아내에게 그 영혼들을 향한 긍휼함이 불일 듯 일어나곤 했다. 그 사랑이 힘이 되어서 긴 세월 동안 그 자리를 지킬 수 있었다.

Chapter 32

사라진 우울증

“하나님의 나라와 의를 구하는 기도”를 매주 월요일부터 금요일까지 했다. 어느 날 모임에 중년 부부가 새로 왔다. 아내는 권사님이었고 남편은 집사님이었다. 너무 좋으신 분들인데 모임에 오게 된 것은 권사님에게 우울증이 있어서 치유받기 위해서였다. 권사님이 오랫동안 공직에서 근무하다가 퇴직한 이후 왠지 모르게 마음이 우울해지기 시작했다고 한다. 증세도 갈수록 심해졌다고 한다. 이 얘기를 아내에게서 들었다.

권사님과 남편 집사님은 너무 절박해서 내게 신앙상담도 받고, 기도도 받고, 함께 식사도 하기를 원했다. 그런데 그렇게 하면 안 될 것 같았다. 진정으로 두 분을 위한 방법이 아니라는 마음이 들었다. 그것보다 오히려 기도 모임의 자리에 성실하게 나와서 말씀 듣고 기도하면 주님이 고치실 거라는 믿음이 있었다. 그것이 내가 인간적으로 가까운 것보다 더 나을 거라는 확신이 들었습니다. 그래서 아내를 통해 몇 차례의 신앙상담과 개인기도 및 식사 제안이 왔을 때 죄송했지만 사양했다. 그냥 예배의 자리에 성실하게 나오기만 하면 된다고 말해주었다.

그러던 어느 추석 연휴 전날이었다. 말씀을 전한 후 기도하는 시간이었다. 긴 시간을 기도했다. 대부분의 멤버들이 집으로 돌아갔다. 나와 아내 그리고 두 분만 남았다. 아내는 기도가 끝났고 나는 계속 기도하고 있었다. 그날따라 기도가 더욱 깊어지고 길어졌다. 기도의 자리에서 일어나니 모두 돌아가고 아내만 홀로 앉아 있었다. 아내는 "권사님과 집사님이 목사님과 식사를 하려고 기다리다가 갔다고 했다. 그것도 마을회관까지 가셨다가 다시 교회로 왔다가 또다시 갔다고 하였다.

그 말을 들으니 두 분을 향한 더욱 큰 긍휼한 마음이 올라왔다. 그렇지 않아도 우울증으로 힘들텐데 매번 본인들의 요구가 거절됨으로 인해 얼마나 힘들었을까 하는 마음이 들었다. 미안한 마음에 빨리 뒤따라가서 모셔오고 싶었다. 하지만 진정으로 두 분의 영혼을 위하는 방법이 아니라서 참았다. 인간적인 방법이 하나님의 뜻을 대신하게 해서는 안 된다는 마음을 더욱 굳게 했다. 두 번 다시 오지 않을 수도 있겠다 싶은 생각이 있었지만, 그것조차 주님께 맡기기로 했다. 다만 두 분을 향한 아버지 하나님의 온전하신 뜻이 이루어지도록 기도하고 또 기도할 뿐이었다(창50:19).

두 분은 명절이 지난 후에도 모임에 참석했다. 한 번도 빠지지 않고 성실하게 나왔다. 그러던 어느 날이었다. 그날은 성령세례와 충만에 대해서 말씀을 전하는 날이었다. 찬양과 합심 기도를 하고 관련 본문을 읽는데 권사님에 대한 주님의 마음이 부어졌다. 그래서 선포했다. “권사님, 오늘 하나님께서 권사님을 새롭게 만나주실 겁니다. 혹시 방언을 받으셨나요?”라고 물으니 오랫동안 받기를 사모했는데 아직 받지 못했다고 하였다. “오늘 받게 될 것입니다”라고 말했다. 그 말을 들은 즉시 권사님의 얼굴이 벌겋게 되었다.

말씀을 마친 후, 권사님을 맨 앞자리로 앉혔다. 그리고 참석한 기도 멤버들을 모이게 했다. 권사님을 위해 함께 기도하자고 했다. 내가 권사님의 머리에 살며시 손을 얹었다. 권사님이 성령세례와 충만을 받도록 “주여!” 한 번을 외치고 합심하여 기도했다. 그러자 권사님의 입에서 방언이 터져 나왔다. 방언을 계속하게 했다. 방언이 더 유창해지고 빨라졌다. 힘이 있었고 소리도 좋았다.

계속 기도를 하는데 우울의 영이 떠나가는 것을 알 수 있었다. 그래서 기도 멤버들과 다시 합심하여 기도했다. 한참을 기도했다. 기도를 멈춘 후 “권사님, 좀 어떠세요?” 하니 “내가 방언한 것 맞아요? 하나님께서 나를 만나주신 게 맞아요?”라고 하였다. 그렇다고 하니 권사님은 그 자리에서 대성통곡하며 울었다. 방언을 통해서 하나님께서 자신을 새롭게 만나주신 것에 대한 감사와 감격에 울고 또 울었다. 진정을 시킨 후에 “권사님, 마음은 좀 어떠세요?”라고 하니 “무엇인가 빠져나간 것 같아요. 속이 너무 시원해요. 정말 시원하고 평안하고 너무 좋아요. 이전에 이런 느낌 가져본 적이 없어요. 너무 좋고 기뻐요"라고 하였다.

그렇게 말하는 권사님의 얼굴에서 빛이 났다. 게다가 목소리에 생동감이 있었다. 그 모습을 바라보는 우리 모두에게 큰 기쁨이 있었다. 누구보다도 옆에 있던 남편 집사님이 좋아하셨다. 그래서 "집사님도 방언을 받으시겠어요?"하고 물으니 받겠다고 하였다. 그래서 집사님을 위해 함께 뜨겁게 기도하자 방언이 터졌다.

이 일 후에 두 분이 나와 아내를 집으로 초대했다. 그간에 우울증으로 인해 권사님과 남편 집사님 그리고 가족 모두가 얼마나 힘든 상태에 있었는지를 알게 되었다. 벼랑 끝까지 간 상태였다. 남편 집사님의 고백이다.

"목사님, 최근 집사람과 제가 방언 받기 전까지 저는 하루에 소주 두 병을 마시지 않으면 잠을 잘 수 없는 사람이었습니다. 오랫동안 그 삶을 살았습니다. 그런데 방언을 받은 날부터 술과 담배 맛을 완전히 잃었습니다. 냄새조차도 싫고 역겨워졌습니다. 오히려 그날 이후부터 성경 암송을 하게 됐습니다. 그래서 지금은 일할 때 마음으로 또 입술로 소리 내어 성경 말씀을 읊조리며 묵상하고 있습니다."

두 분이 너무 사랑스러웠다. 그 이후로도 두 분은 모임에 성실하게 나왔으며, 시간이 갈수록 권사님의 목소리와 얼굴은 더욱 밝아졌다. 크고 위대한 일을 행하신 주님을 찬양합니다.

Chapter 33

사랑 합격

어느 겨울 몹시 추운 날이었다. 밤에 홈플러스에 갔다가 1층 식당에 있는 분식코너에 들렀다. 오뎅 1인분을 시켜서 먹으려는데 김재현 형제님이 생각났다. 나 혼자 따뜻하고 맛있는 오뎅을 먹는 게 마음에 걸렸다. 형제님의 집은 슬레이트 지붕에 속이 빈 시멘트블록 벽이었기에 오늘 같은 날은 더 추웠다. 형제님을 향한 긍휼함이 올라오면서 마음이 뭉클해졌다. 형제님에게 주려고 2인분을 포장해달라고 했다. 식기 전에 드시게 하려고 서둘러 버스를 타고 계수동으로 향했다. 좌석에 앉아서 뜨끈뜨끈한 오뎅 국물을 먹는 형제님의 모습을 생각하니 마음이 설레며 눈물이 났다.

버스에서 내려 빠른 걸음으로 형제님의 집에 도착했다. 문을 열고 들어가서 형제님을 불렀다. 대답이 없었다. 더 가까이 다가가서 큰 소리로 "형제님!" 하고 부르니 누웠던 자리에서 일어난다. "형제님, 많이 춥죠. 뜨끈한 오뎅 사 왔어요. 국물이랑 어서 드세요"라고 하니 형제님이 "거기다 둬유~"라고 했다. 내가 "여기다 둬요?"라고 하니 형제님이 "예"라고 했다. 내가 "따뜻할 때 드셔야 해요. 어서 가까이 와서 드세요" 하니, 또 "거기다 둬유~" 한다. 내가 다시 "여기다 둬요?"하니 "예 거기다 둬유~"라고 한다. 따끈한 오뎅 국물을 맛있게 먹는 모습을 보고 싶었는데 "거기다 둬유~"라는 말에 섭섭했다. "알았어요. 여기다 둘 테니까 따뜻할 때 드세요~" 하고 나왔다. 다음날 보니 포장 용기의 그릇이 깨끗하게 비어있었다. 기뻤다.

2015년 1월 27일 금요일 오전이었다. 어제 형제님에게 만두를 사드리겠다고 한 약속이 생각났다. 만두가게에서 만두와 찐빵을 사서 형제님의 집에 갔다. 자고 있길래 깨웠다. "형제님, 만두와 찐빵 사왔어요. 드세요" 하니 내 손에 있는 봉투를 쳐다보았다. "만두 먼저 드실래요? 찐빵 먼저 드실래요?" 하니 "만두 줘유~"라고 하였다. 만두를 손에 쥐여드리며 "맛있게 드세요~" 하고 대문을 닫고 나오는데 성령님의 감동이 느껴지면서 "이제야 네가 나를 사랑하는 줄을 내가 알겠다"(창22:12)라고 하셨다(마25:40). 교회에 돌아와서도 그 감동이 계속되었다. 원탁에 홀로 앉아서 차를 마시며 "정말 주님께서 내게 '이제야 네가 나를 사랑하는 줄을 알겠다'고 말씀하신 것인가? 그렇다면 참으로 뜻깊은 말씀인데"라고 생각했다. 그 말씀을 묵상할수록 더욱 벅차오르는 감격에 휩싸였다. 잠시 후, 형제님의 집에 다시 들렀더니 나에게 큰 목소리로 "목사님, 고마워유!"라고 하였다. 만두와 찐빵을 사드렸던 것이 고마웠던 것 같다. "예수님이 주신 거예요. 예수님께 감사드리세요!"라고 했다.

Chapter 34

예수님은 왕이세요

7일간의 금식

빈민촌에서 목회를 하다보니, 섬기는 영혼들을 위해서 금식하며 기도를 해야 할 때가 자주 있었다(사 58:6-9).

김재현 형제님을 섬김에 있어서 바라는 것이 있었다. 정신이 온전해져서 주님 안에서 두 아들들과 행복하게 사는 것이다. 오랫동안 형제님의 치유와 구원을 위해 기도했다. 거의 매일 기도했다. 그리고 한동안 빔프로젝트에 성경 말씀을 크게 띄워서 읽혀보기도 했다. 또 중요 성경 구절들을 암송시켜보기도 했다. 찬송가를 함께 부르기도 하고, 형제님 홀로 부르게 하기도 했다. 기도훈련도 시켜보았다. 하지만 뜻대로 되지 않았다.

한 가지 얻은 것이 있다면, 우리 하나교회를 만나기 전에 알고 있던 찬송가 190장 외에 사도행전 3장 16절 "가로되 주 예수를 믿으라 그리하면 너와 네 집이 구원을 얻으리라" 말씀을 암송시킨 것이다.

시간이 흘렀어도 정신은 여전히 혼미했다. 여전히 혼잣말로 대화한다. 어떤 때에는 심각한 표정으로 말한다. 그래서 원수에 의해서 밀 까부르듯이 까불림을 당할 때가 여러 번 있었다. 때로는 지나가는 사람에게 심한 욕설을 퍼부으며 싸우기도 했으며, 심지어 교회 온 자매님들에게 음란한 말을 하기도 했다. 때로는 지나가는 사람이 형제님에게 재수없다고 하며 침을 뱉고 얼굴에 돌을 던져서 입술이 터져서 피를 흘리기도 했다. 이런 일들로 인하여 목회자로서 자괴감이 들기도 했다.

어느 날이었다. 형제님과 지금의 상태로 계속 지내는 것은 아니라는 생각이 들었다. 주님에 의한 변화가 있기를 원했다. 간절히 원하고 또 원했다. 그래서 그를 위해 7일 동안 금식기도 하기로 뜻을 정했다. 7일 동안의 금식 경험은 별로 없었다. 물만 마시고 7일 동안의 금식기도를 잘 할 수 있을까 하는 걱정이 앞섰다. 하지만 이 금식기도를 통해서 형제님이 치료받고 회복되고 구원받을 수 있다면 해야지, 그 이상이라도 해야지 하고 금식기도에 들어갔다.

많이 힘들었다. 5일 차 되는 날에는 너무 힘들고 고통스러웠다. 답답해서 교회 건물 옆에 있는 채소밭으로 갔다. 5년 동안 형제님과 함께 보낸 시간들이 생각났다. 처음 만났을 때나 지금의 모습이나 달라진 게 없다고 생각하니 "그동안 뭐했나?" 하는 생각이 들었다. 깊은 한숨이 나왔다. 눈물이 났다.

때때로 창살 없는 감옥처럼 여겨지는 이 마을에서 언제까지 있어야 하는가? 내일에 대한 기약도 소망도 보이지 않아

격정과 함께 많은 눈물이 쏟아졌다. 하늘을 쳐다보며 "주님, 너무 힘듭니다. 도대체 언제까지 이렇게 지내야 합니까? 무엇을 어떻게 해야 할지 모르겠습니다"라고 하며 하염없이 울고 또 울었다. "차라리 이 상황에서 나를 데려가셨으면" 하는 생각까지 들었다. 한참을 있다가 다시 예배당으로 들어왔다. 그리고 7일간의 금식을 마쳤다.

며칠 후, 안산에서 목회하시는 목사님으로부터 전화가 왔다. 서로의 안부를 나누던 중에 김재현 형제님 얘기가 나왔다. 목사님이 위로와 격려를 해주었다. 그리고 그 형제를 끝까지 잘 보살피라고 하였다. 지금은 그래도 돌아가실 때가 되면 정신이 돌아오는 경우가 많다고 하였다. 그 말씀이 큰 힘과 소망이 되었다. 그래서 끝까지 돌보기로 또다시 결심했다.

형제님이 요양원에 들어가다

그해 10월에 형제님의 아들 기환이가 아버지를 요양원에 모시자고 했다. 나는 처음엔 반대했다. 형제님을 끝까지 돌보면서 정신이 온전히 돌아오는 것을 보고 싶었기 때문이다. 하지만 아들의 입장도 생각해야 했기에 견해를 바꿨다. 기환이는 할 수만 있다면 하루라도 빨리 계수동 지역을 떠나고자 했다. 아빠와 함께 사는 것을 원치 않았다. 게다가 사귀는 여자 친구에게 지금의 아빠 상태를 보여주길 꺼렸다.

그러한 상황에서 형제님에게 사고가 났다. 집에서 혼자 라면을 끓여 먹으려다 펄펄 끓는 물이 양쪽 발에 쏟아져 3도 화상을 입은 것이다. 응급처치와 병원 치료를 잘 받아서 상처는 아물었지만, 치료받는 과정에서 형제님도 고통스러웠고 우리도 놀라며 애간장을 많이 태웠다. 다음에도 이와 같은 일이 생길까 걱정이 됐다. 때마침 마을에서 가까운 곳에 요양원이 생겼다. 형제님은 요양원에 들어가기에는 아직 젊은 나이여서 입원 자격이 되지 않았지만, 형제님이 스스로 정상적인 생활을 할 수 없다는 것이 받아들여 들어갈 수 있었다. 그래서 그 요양원 1호 어르신이 되었다.

주님께서 아들 기환이를 통해 형제님을 요양원에 입원시켰다는 마음이 들었다. 잘된 일이었다. 가까운 곳에 있어서 마음만 먹으면 언제든지 볼 수 있었다. 형제님과 함께 정기적으로 예배도 드릴 수도 있었다.

요양원에서 복음을 전하다

형제님이 요양원으로 들어간 것으로 인해 그 요양원에 계시는 할아버지, 할머니들에게 복음을 전할 기회가 주어졌다. 일주일에 한 번씩 정기적으로 예배를 드릴 수 있게 된 것이다. 원하시는 분에게 기도도 해드릴 수 있었다.

그중에 한 분이 김정순 할머니이다. 82세였는데 총명하셨다. 어릴 때 교회를 다녔지만, 믿지 않는 집안에 시집을 가게 되어 신앙생활을 하지 못했다. 하지만 마음속으로는 항상 하나님을 찾고 있었다. 그러던 차에 우리가 김재현 형제님에게 가서 함께 예배드리고 나올 때마다 우리를 유심히 바라보았다. 할머니는 우리가 누구인지, 왜 이곳에 와서 함께 예배드리고 기도를 해주는지를 요양사분들에게 물어보았다. 그리고 김재현 형제님을 섬기는 우리에게 좋은 인상을 갖게 되었다. 그래서 할머니도 예배에 참석하게 되었다.

할머님은 예배 중에 선포된 말씀을 듣고 예수님을 진심으로 영접하였다. 예수님을 받아들이시고 난 후에는 더욱더 예배를 사모하였다. 그리고 하나님의 뜻대로 살려고 애를 썼다. 어느 날은 같은 방에 있는 다른 할머니에 대해 섭섭하고 미워하는 마음으로 인해 회개하며 울었다. 그리고 자신이 예수님을 믿는 것에 대해 자식들에게 떳떳하게 말하지 못하는 것 때문에 하나님께 늘 죄송하다며 울며 회개하였다. 마치 베다니의 마리아와 같은 분이었다. 두 아들과 며느리 그리고 손주들이 예수님을 믿게 해 달라고 항상 기도했다.

그러던 중, 김정순 할머님이 돌아가셨다. 코로나 기간이라 임종을 앞두고 찾아뵙지도 못했다. 장례식이 끝난 후, 둘째 아드님으로부터 연락이 왔다. 어머니의 핸드폰에 저장되어있는 분들에게 마지막으로 어머님의 소식을 전한다며 전화를 한 것이다. 그때 어머님이 평소에 자녀와 손주 모두가 예수님 믿기를 그토록 원했다고 말해주었다.

요양원에서 만난 또 한 분은 정장수 어르신이다. 당뇨병으로 인해 시력을 잃었지만, 신앙이 좋은 분이었다. 말씀을 들으면 "아멘!"도 잘하고 찬송도 우렁차게 불렀다. 안타깝게도 갑작스럽게 병세가 악화되어 돌아가셨다.

함께 했던 분들이 돌아가시면 언제나 "좀 더 자주 찾아뵐걸. 한 번이라도 더 기도해드리고 위로해 드릴걸"하는 자책감이 생긴다. 어쩌면 자책을 넘어 회개해야 하는 게 아닌가 하는 마음이 든다. 목회는 사역이 아니라 사랑이어야 하는데, 사랑이 아니라 사역을 해서 마음의 무겁고 어려울 때가 있다.

김재현 형제님이 예수를 영접하다

어느 날이었다. 추석 연휴에 요양원으로부터 연락이 왔다. 김재현 형제님의 폐에 문제가 생겨 긴급히 병원 응급실로 옮겨야 한다고 했다. 서둘러 요양원으로 갔다. 우리가 요양원으로 가는 도중 아들 기환이와 연락이 닿아서 구급차로 병원에 이송했다고 하였다. 아내와 함께 부천성모병원으로 갔다. 병실에 도착하니 몸의 두 군데 링겔을 꽂은 채 잠을 자고 있었다. 많이 아팠는지 다른 때보다 얼굴이 핼쑥했다. 한참 후에 깨어났는데 우리가 옆에 있는 게 위로가 됐는지 웃으며 좋아했다.

간호사에게 형제님의 건강 상태를 물어보니 폐에 가래가 차서 입원했는데 앞으로 3일 정도 치료를 받으면 퇴원할 수 있다는 것이다. 안심이 되었다. 다시 병실 침대로 와서 간호사가 알려준 대로 형제님에게 몸 상태를 알려주었다. 대화를 좀 더 하다가 기도를 해주었다. 그리고 이제 가봐야 한다고 했다. 또 오겠다고 하니 고개를 끄덕였다. 침대에서 물러나 병실 쪽 문을 향해 걸어가는데 형제님이 내게 말했다.

"목사님, 꼭 오셔야 해유~"

그 말을 듣는데 순간 내 마음이 뭉클했다. 계수동과 요양원에 있을 때 한 번도 경험해보지 못했던 그 말의 느낌이었다. 뒤돌아보며 "예, 다시 올게요"라고 대답했다. 다음 날과 그다음 날에도 병문안을 갔다. 다음날 건강한 모습으로 퇴원을 했다.

하지만 한 달 정도 지나 형제님은 다시 병원에 입원했다. 병원에 가서 형제님의 얼굴을 보니 먼젓번보다 놀란 표정이었다. 죽음에 대한 두려움으로 인해 얼굴에 긴장감이 서려 있었다. 나와 아내에게 어리광을 부렸다. 많이 놀라고 아팠던 것 같다. 그런데 눈을 자세히 보니 다른 때와 달리 눈동자가 살아있었다. 빛이 있었다. 혼미함이 전혀 없이 맑고 깨끗했다.

형제님이 병원에 실려 온 지 얼마 안 되었는데 또다시 온 것으로 인해, 돌아가실 수도 있다는 생각이 들었다. 그러자 긴장이 되면서 한 번 더 복음을 전해야겠다고 마음을 먹었다.

먼저 형제님의 이름, 생년월일, 집주소, 두 아들의 이름 등을 물어보았다. 하나도 틀림없이 정확하게 말했다. 사도행전 16장 31절을 암송시켜보고, 찬송가 190장 '성령이여 강림하사'

를 함께 불렀다. 이어서 예수님을 전했다. 십자가와 부활, 천국과 지옥에 대해서 알려드렸다. 예수님을 구주와 주인으로 모셔 들이시겠냐고 물으니 "예!"라고 대답했다. 함께 기도하자고 하니 눈을 감았다. 이 기도가 형제님을 위해 하나님께 드리는 마지막 기도일 수도 있겠다 생각하니 내 마음 깊은 곳에서부터 뜨거운 눈물이 솟구쳤다. "예수님의 이름으로 기도합니다. 아멘!" 하니 형제님도 "아멘!" 하였다. 물어보지도 않았는데 형제님이 내게 "예수님은 좋으신 분이세요. 예수님은 왕이세요!"라고 했다. 형제님의 그 고백을 듣고 놀랐다.

몇 가지의 말로 위로했다. 좀 아프고 힘들어도 참으라고 했다. 몸이 좋아지고 있으니 곧 요양원으로 다시 돌아갈 것이라고 했다. 형제님은 "요양원보다 여기 병원이 더 좋아유~"라고 하였다. 이유를 물어보니 "여기 간호원들이 친절하게 대해줘유~"라고 하였다. 간호원들의 친절함이 좋았던 모양이다. 그래도 여기서 치료 잘 받고 건강한 모습으로 다시 요양원으로 돌아가야 하니 식사 잘하고 간호원의 말을 잘 들으라고 하였다. 그랬더니 나와 아내를 향해 환하게 웃으며 거수경례를 힘있게 하였다. 10년 넘게 함께 지내면서 한 번도 그런 얼굴을 본 적이 없었다. 정말 갓 거듭난 그리스도인이요 천사와도 같았다. 그 얼굴의 빛이 어린아이처럼 순수하고 멋있어 보였다.

교회로 돌아오는 내내 아내와 함께 "사람이 저렇게도 변할 수 있구나!"라며 감탄했다. 참으로 기뻤다. "정말 하나님은 못 하실 일이 없으십니다. 하나님께서 고치지 못할 사람은 없으십니다(롬 :17)"라는 고백이 힘있게 나왔다.

주님의 사랑과 능력 그리고 그 선하심과 인자하심에 영원 영원히 감사와 찬양을 돌립니다. 아멘.

Chapter 35

폭군에서 순한 양으로

계수동에는 술 중독에 빠진 남자들만 있는 게 아니라 여자들도 여럿 있었다. 어떤 자매님은 술을 너무 먹어서 정신이 돌아버린 상태까지 갔다가 기도를 받고 제정신으로 돌아오기도 했다. 또 어떤 중년 여성은 술에 너무 취해 대화 중에 의자에 앉은 채 소변을 보기도 했다. 그래도 그분들에게는 어린아이와 같이 순수하고 단순하며 따뜻한 정이 있었으며 일부 사람들에게는 의리도 있었다.

일방적으로 두들겨 맞는 자매

어느 금요일 저녁이었다. 예배를 드린 후 기도하려는데 밖에서 한 남성의 거친 욕설과 함께 여성의 큰 울음소리가 들렸다. 또 옆에서 누군가 "이러다 사람 죽이겠네~"라는 목소리도 들렸다. 놀라서 아내와 함께 내려갔다. 교회 가까이에 사는 김경재씨와 그의 아내 한순옥씨였다. 자기 아내를 집 밖으로 끌고 나와서 마구 때리고 있었다. 옆집에 사는 온달이 엄마가 말렸지만 막무가내였다.

순옥씨는 전남편과 사별 후 지금의 남편 경재씨를 만났다. 자매님은 한때 교회에서 집사 직분도 받았다. 하지만 정기적으로 교회에 다니지는 않았다. 인생이 힘들고 슬펐는지 자주 술을 마셨다. 일전에도 순옥씨를 심하게 때려서 경재씨의 누님이 찾아와서 동생을 호되게 나무란 적이 있었다. 그런데 이 일이 터진 것이다.

자매님과 경재씨를 서로 떼어놓으려고 그의 손을 잡고 한쪽으로 데려왔다. 내가 "아니, 농사도 잘 짓고 건축일도 잘하시는 분이 왜 아내를 때려요?"라고 하니 경재씨가 "목사님, 제가 괜히 때리겠어요?"라며 나름대로 이유를 댄다. "그래도 때리는 것은 아니에요. 말로 하셔야지요. 농사도 잘 지으시고 집도 누구보다도 탁월하게 짓는 분이 자기 아내를 이렇게 때리면 마을 사람들이 뭐라 하겠어요?"라고 하니 또다시 이런 저런 이유를 댄다. 그러면서 지금 하고 있는 건축 사업에 대한 이야기를 한다. 30분 정도 이야기를 들어주었다. 어느 정도 화가 풀렸는지 "목사님, 나 어디 좀 갔다 와야 해요"라고 하면서 빠른 걸음으로 어딘가를 향해 갔다. 그사이 아내는 순옥씨를 한쪽으로 데리고 가서 "괜찮으세요?"라고 하며 안아주었다. 그리고 집으로 데리고 들어갔다.

순옥씨는 술이 많이 취한 상태였다. 그동안 살아온 삶을 아내에게 구구절절이 이야기했다. 마음에 오랫동안 자리매김한 상처의 응어리들을 쏟아놓았다. 몇 번씩이나 죽고 싶다는 말을 했다. 그러다 갑자기 고함을 지르고 울부짖었다. 아내는 오랜 시간 동안 자매의 얘기를 다 들어주었다. 권면도 해주었다. 기도도 해주고 축사(귀신을 쫓는 기도)도 해주었다. 새벽까지 자매님을 섬기다가 잠든 것을 보고 교회로 돌아왔다.

며칠 후에 순옥씨를 만났다. 아내가 반갑게 다가가서 "그동안 잘 지내셨어요? 몸은 괜찮으세요?"라고 물으니, 괜찮다고 하였다. 그리고 며칠 전에 자기가 실수한 것 없느냐고 물었다. 사모님이 자기 집에 오셔서 함께 있어 준 것은 생각나지만 무슨 이야기를 했는지, 자신이 어떻게 했는지는 전혀 기억이 없다고 했다. 아내는 실수하신 게 없고 이야기를 좀 하다가 잠들었다고만 하였다.

그날 그 일이 있은 후로는 경재 씨와 순옥씨가 싸우는 것을 보지 못했다. 오히려 서로 다정하게 지냈다. 전에는 남편이 앞서가고 자매님은 고개를 숙인 채 뒤따라갔으며, 술 심부름도 자주 했다. 마치 주인과 종의 관계로 살았다. 그런데 이제는 경재씨가 순옥씨에게 말도 부드럽게 하고, 걸을 때도 나란히 서로 대화하며 걸었다. 경재씨가 밭일을 할 때면 자매님이 물을 길어다 주고 도왔다. 수확한 채소를 주위 사람들에게 나누어주기도 했다. 하나교회에도 배추와 고추를 가져오기도 했다.

어느 주일에는 경재씨 누님이 다니는 교회에 두 분이 함께 다녀오기도 하였다. 자매님이 어느 날 내게 하나교회에 나오고 싶지만, 남편 때문에 갈 수 없다고 하였다. 자신을 의심하는 경향이 있어서 매사에 조심스럽다는 것이다. 나는 이해한다고 말해주었다.

이전과는 다르게 두 사람이 서로 다정하게 지내며 교회에 가서 예배드리는 모습이 내게는 큰 보답이요 기쁨이 되었다. 두 분이 세상에 사는 동안 자기들을 사랑하신 예수님의 사랑을 알고, 주님을 사랑하는 분들이 되었으면 좋겠다. 두 분 모두 하나님만을 섬기며 예배하다가 천국에 가셨으면 정말 좋겠다고 생각했다.

Chapter 36

하나님을 경외하는 여인

2011년 4월 17일 주일 낮 예배 후 있었던 일이다. 아내와 함께 전도하러 나갔다가 돌아올 때 안영임씨 집 가까이 다다랐는데 길 안쪽 골목에 한 여성이 쭈그리고 앉아 있었다. 그 옆을 지나면서 아내에게 "한 번 가 봐요"라고 했더니 전도지를 들고 가서 말을 나누었다. 잠시 후, 앉아 있던 그 여성이 일어나서 내 옆을 지나 앞서갔다. 술 냄새가 확 풍겨왔다.

그 여성은 계속 걸어가더니 방향을 하나교회 쪽으로 틀었다. 나는 마음속으로 "어~ 어~ 그리로 가면 안 되는데~"하며 당황해했다. 술주정을 하면 어떻게 감당하나 겁이 났다. 여성은 걸으면서 혀 꼬부라진 소리로 크게 "하나교회? 봉투 가져와! 나 헌금 할거야. 하나교회 봉투 가져와~"라고 하였다. 그러면서 교회를 향해 휘청거리며 걸어갔다. 가슴이 철렁 내려앉았다. 그 모습을 뒤에서 보던 아내도 겁이 나서 교회 옆 건물에 사는 김경재씨에게 "아저씨, 저 여자분 아세요?"라고 하며 도움을 청했다. 경재씨는 모르는 사람이라고 하였다.

여성이 교회 입구까지 왔을 때, 내가 그 여성에게 "저~ 있잖아요. 저희 교회는 주일 저녁예배가 7시인데요. 댁에 가셔서 쉬셨다가 7시에 오시면 좋겠습니다"라고 했더니 혀 꼬부라진 소리로 "7시요?"하면서 "목사님이신 것 같은데, 기도 좀 해주세요~ 기도"라고 하였다. 내가 "기도요?"라고 하니 그 여성은 "그래요. 기도요"라고 했다.

비록 술에 취했을지라도 기도를 해 달라고 하는데 목사로서 거절할 수가 없었다. 그래서 "뭘 위해 기도해드릴까요?" 라고 물으니 "뭘 위해 기도해주냐고요?"라고 하였다. 그래서 "예, 뭘 위해 기도해드릴까요?"라고 하니 "술 끊게 기도해주세요~ 끊을래도 잘 안되요. 쪽팔리게~"라고 하였다. "그래요, 제가 기도해 드릴께요"하고 기도를 하려는데 그 여성이 "머리에 손을 얹고 해주세요"라고 한다. 나는 속으로 "예수님을 믿지도 않는 여성에게, 그것도 술 취한 여성의 머리에 손을 얹어도 되나?"라는 생각을 했다. 하지만 해줄 수밖에 없었다.

옆에서 아내와 경재씨가 그 모습을 지켜보고 있었다. 기도를 하려는데, 그 여성이 내게 "잠깐만요, 내가 무릎을 꿇고 기도를 받아야 해요."라고 했다. 나는 괜찮다고, 그냥 서서 받아도 된다고 했다. 그래도 그 여성은 "목사님이 기도를 해주시는데 무릎을 꿇어야 해요"라고 하며 땅바닥에 털썩 무릎을 꿇었다. 그 순간, 여성의 중심에 하나님을 향한 순수함과 경외함이 느껴졌다. 여성의 머리에 손을 얹었다. 얹는 순간 성령의 임하심과 함께 강하고 담대한 마음이 생겼다. "나사렛 예수의 이름으로 명하노니 술은 끊어질지어다! 술 중독은 예수님의 이름으로 명하노니 끊어질찌어다!"라고 힘있게 기도했습니다. 먼 곳에 있는 사람들까지 다 들을 수 있는 강한 기도가 되었다. 이어서 "예수님의 이름으로 명하노니, 마리아가 될찌어다!"라는 기도가 나왔다. 성령께서 입술을 주장하신다는 마음이 들었다.

기도가 끝나자 여성은 소리쳤다.

"와~ 정신이 번쩍 드네요. 와~"

나는 옆에서 지켜보던 아내에게 여성을 집까지 데려다주라고 했다. 아내가 여성과 함께 가고 난 후 나는 교회로 들어와서 의자에 앉아 그 여성과 그 여성에게 행하신 하나님의 손길을 생각했다. "주님께서 찾으시는 길 잃은 한 마리의 양"(마18:12~14)이란 마음이 들었다. 잃어버린 한 마리의 양을 찾으시는 주님의 긍휼하심이 느껴졌다. 마음이 뭉클해졌다. 그리고 예수님 발 앞에서 말씀을 듣던 마리아와 같은 분이라는 생각이 들었다.

아내가 그 여성을 데려다주고 와서는 그 여성에 대해서 말해주었다. "그 여자분은 여기 계수동 사람이 아니래요. 자기는 서울, 가락동에서 아들과 함께 사는데 오늘 이혼한 남편과 시부모가 보고 싶어 계수동에 왔대요. 맨정신으로는 올 수가 없어서 술을 먹고 왔는데 남편과 시부모가 내쫓아서 골목에 앉아 있었대요." "그리고 어느 날 교회에 가서 예배를 드리는데 자기도 모르게 눈물이 흐르더래요. 그것도 주체할 수 없는 눈물이 하염없이 흐르더래요. 그래서 하나님께서 살아계시는 게 여겨졌대요. 하지만 그 이후로 교회를 다니지는 않았대요."

아내의 이야기를 듣고 놀랐다. 그리고 정말 주님의 잃어버린 양이라는 확증을 얻었다. 이 마을에 살면 잘 섬겨드릴 수 있을텐데 먼 지역에 사니 돌볼 길이 없었다. 주님께 맡기기로 했다. 주님께서 저 딸에게 딱 맞는 좋은 교회로 인도해 주시기를 기도했다.

Chapter 37

부활을 인정하지 않는 자들

마을 안에서 전도를 꾸준히 하였다. 때로는 마을 밖에서도 복음을 전했다. 마을 안팎에는 한때 박태선의 천부교 신앙촌에 몸담고 있었던 사람들뿐만 아니라 지금도 천부교 신앙촌에 다니는 사람들이 꽤 있었다. 전도하다 보면 이런 사람들을 어렵지 않게 만나게 되었다.

예수님을 완강히 거부하는 할머니

어느 날 아내와 함께 전도를 나갔다. 교회 근처에 사는 어느 할머니 집에 갔다. 오래전에 자식들을 다 내보내고 홀로 사시는 할머니였다. 구부정한 허리에 고생하는 모습이 안쓰러워서 힘든 일을 도와드렸다. 식생활에 도움이 될 만한 물품들을 드리기도 했다. 그러던 중에 예수님을 전했다. 예수를 안 믿는다면서 자기는 천부교에 나간다고 완강하게 거부했다.

아내가 "할머니, 안에 좀 들어가도 되나요?" 했더니 들어오라고 했다. 그래서 함께 들어갔다. 벽에 걸려 있는 두 개의 액자를 보고 놀랐다. 하나는 박태선 사진이고 다른 하나는 천부교 오만제단의 사진이었다. 할머니는 이 사진들을 걸어놓고 액자의 인물을 하나님으로 섬기고 있었다. 김일성, 김정일, 김정은을 신으로 섬기는 북한 주민들과 다를 게 없다는 생각이 들었다. 그래도 "저 할머니 저렇게 살다가 지옥 가면 어떻게 하나?"하는 안타까운 마음에 다시 예수님을 전했다.

죄인 된 인간을 구원할 분은 오직 하나님의 아들 예수님뿐이라고 전했지만, 다시 완강하게 거부했다. 정말 완고하게 받아들이지 않았다. 안타깝고 실망스러웠다. "더 전해주어도 이 분은 받아들이지 않겠구나"라는 하는 생각이 들었다. 영혼들을 미혹시켜서 지옥으로 끌고 가는 악한 자들을 향한 분함이 올라왔다. 영원히 지옥에서 고통받을 할머니의 영혼으로 인해 마음이 아팠다. 할머니의 집을 나왔다. 그리고 다시는 가지 않았다.

예수님을 거부하는 할아버지

하루는 새벽예배를 위해 집에서 교회로 걸어가고 있었다. 사거리 한쪽 모퉁이에서 70세쯤 되신 할아버지가 구부정한 모습으로 신문과 요구르트를 나누어주고 있었다. "이 시간에 할아버지가 왜 신문과 요구르트를 나누어주지?" 느낌이 안 좋았다. "할아버지, 그게 뭐에요?"하고 물으니 신문과 요구르트를 주었다. 신앙촌에서 발간한 신문과 그곳에서 만드는 '런' 요구르트였다. 이런 것으로 사람들을 미혹한다 싶어서 의분이 일어났다. "할아버지, 이런 것 나눠주지 마세요. 예수 믿으세요! 주 예수를 믿으라 그리하면 너와 네 집이 구원을 얻으리라 하셨으니 할아버지, 예수님을 믿으세요!"라고 했더니 "뭐, 예수? 나 그딴 것 안 믿어"라고 하였다. 더 붙잡고 얘기해도 소용없는 일이라는 것을 알았기에 시간 낭비하지 않고 마음 쓰지 않기로 했다. 그리고 마지막으로 "할아버지, 예수 믿어야 천국 가요. 안 그러면 지옥 가요. 예수 믿으세요!"하고 돌아서서 교회를 향했다.

예수님의 부활을 인정하지 않는 사람들

또 한번은 부활절 낮 예배를 마치고 전도지와 삶은 계란을 가지고 전도를 나갔다. 남녀호랑개교에 다니는 정혁이 할머니를 만났니다. 전도지와 계란을 건네는데 받지 않았다. 그래도 예수님을 전했다. 예수님의 십자가와 부활을 전했다. 부활에 대한 말이 나오니까 정혁이 할머니는 "내가 우리 법당에서 들으니까 예수가 부활한 것이 아니라고 하던데요? 그의 제자들이 무덤에서 예수의 시신을 훔쳐 간 거라고 하던데요?"라고 하였다. 그래서 마태복음 28장 7절 말씀에 근거하여 할머니가 잘못 알고 있다는 것을 알려주었다.

"그가 죽은 자 가운데서 살아나셨고"와 11-15절 "여자들이 갈 때 경비병 중 몇이 성에 들어가 모든 된 일을 대제사장에게 알리니 그들이 장로들과 함께 모여 의논하고 군인들에게 돈을 많이 주며 이르되 너희는 말하기를 그의 제자들이 밤에 와서 우리가 잘때에 그를 도둑질하여 갔다 하라 만일이 말이 총독에게 들리면 우리가 권하여 너희로 근심하지 않게 하리라 하니 군인들이 돈을 받고 가르친 대로 하였으니 이 말이 오늘날까지 유대인 가운데 두루 퍼지니라."

그리고 예수님은 실제로 무덤에서 다시 살아나셨다고, 부활하셨다고 전했다. 그랬더니 옆집에 사는 천부교 신앙촌에 다니는 아주머니와 합세하여 더욱 거칠고 사납게 나를 대적하였다.

전도를 마치고 교회로 돌아오는 길에 정혁이 할머니가 한 말로 인해 "아니, 예수님께서 실제로 부활하신 것에 대해서 당시의 대제사장들과 장로들, 군인들과 경비병들이 퍼뜨린 그 거짓말이 유대인들에게만이 아니라 남녀호랑개교에까지 퍼졌단 말인가! 그것도 지금까지? 이천년이 넘는 세월 동안? 정말 예수님의 말씀대로 사단의 회(계3:9)가 맞네"라고 여겼다.

Chapter 38

냉수 한 그릇

계수동 전체는 승용차나 버스가 다니는 좁은 도로를 중심으로 동서로 나누어져 있다. 하나교회가 있던 곳은 서쪽이다. 주로 이곳을 중심으로 전도를 했다. 장소는 같지만 전도하러 갈 때마다 주어진 상황과 만나는 사람이 달랐다. 그래서 싫증 나지 않았다. 오히려 "주님께서 오늘은 어떤 일을 행하시려나?" 하는 기대감에 나갔다. 매번 다른 상황 속에서 서로 다른 사람들을 만난다는 게 신기했다. 지난주에 만났지만, 오늘은 못 만나고 또 오늘은 만났지만, 다음 주에는 못 만나는 경우가 반복되었다. 전도 대상자는 같아도 그들이 처한 상황이 달랐다. 전하는 복음은 동일했지만, 그들과 더불어 나누는 대화는 새로울 때가 많았다.

전도를 나갈 때는 항상 먼저 기도하고 나갔다. 영적 전쟁터의 최전선으로 들어간다는 마음가짐 때문이다. 그래야 주님의 인도와 보호하심과 더불어 상황과 사람에 대해서 더욱 깨어있게 된다.

예수님을 닮은 김남덕 권사님

어느 주일 낮에 전도를 나갔다. 교회 가까운 곳부터 전도했다. 집과 공장들을 다니며 전도지를 나누어주었다. 사람이 없는 곳에는 우편함에 꽂아놓았다. 만나는 사람 중에는 복음에 대해 귀찮게 생각하는 사람들이 있었지만 짧게라도 하나님 말씀을 전해주었다. 우리는 전할 뿐이고, 구원은 하나님 아버지와 어린 양 예수님께서 하시기(계 7:10) 때문이다.

마을의 삼분의 일 정도를 돌다가 홀로 그늘에 앉아 계신 85세의 김남덕 할머니를 만났다. 마을에서 좀 떨어진 다른 교회 권사님이었다. 다리가 불편하셔서 본 교회에 출석을 못 하고 있었다. 항상 그 얼굴에 온유함과 겸손함이 있었다. 언제 뵈어도 순한 양이셨다. 그리고 만날 때마다 재미있는 이야기로 웃음을 선물해주었다. 권사님이 사랑스럽고 고마워서 머리에 손을 얹고 간절히 기도해드렸다.

계수동에서 권사님을 만나는 것은 광야의 샘물이요 사막의 오아시스와 같았다. 그래서 우리는 그분을 천사라고 불렀다. 권사님은 자신은 그런 사람이 못 된다고 하였다. "목사님, 사모님~ 그런 말씀 마세요. 아버지께 죄송해 죽겠어요"라고 하며 미안해하고 부끄러워하였다. 그냥 해보는 말이 아니라 진심으로 그랬다. 항상 자신이 죄인이라고 하면서 하나님께 죄송하다고 하였다.

우리 하나교회에 성도가 없었을 때 1년 6개월 동안 권사님과 함께 예배를 드렸다. 세 명이라도 꾸준히 예배를 드리니 2년 차에는 새로운 사람들이 들어오기 시작했다. 권사님의 집은 산으로 올라가는 길옆인데 간혹 차들이 약간 경사진 대문 옆에 주차해 놓는다. 어느 날 권사님이 집 앞에서 채소를 다듬고 있었다. 그런데 주차되어 있던 1톤 트럭이 뒤로 밀리면서 권사님이 차 밑에 깔리는 사고가 발생했다. 응급실에 실려 갔는데, 다행히도 2주 동안 치료를 받고 퇴원할 수 있었다. 생명을 잃을 뻔한 큰 사고였음에도 건강한 것을 보고 주님께서 보호해주심에 감사드렸다.

우리의 생각까지 헤아리시는 하나님

계수동에 들어간 지 3년째 되는 해 여름이었다. 주일 낮 예배를 마치고 전도를 나가기로 했다. 그런데 문득 “이곳에서 3년이나 복음을 전했는데 마을 사람들이 냉수 한 그릇도 안 주네”라는 생각이 들었다. 하지만 금방 괜찮아졌다. 복음 전하는 일이 누군가의 칭찬을 듣기 위해서도 아니고 무언가를 얻어먹기 위함도 아니기 때문이다. 오히려 죽어가는 영혼들을 위해 내 소유와 생명까지도 기꺼이 내주어야 하는 일이다.

마을 사람들에 대해 잠시 섭섭했다가 사라진 마음을 아내에게는 말하지 않은 채 전도를 나갔다. 전도를 거의 다 하고 김남덕 권사님 댁에 이르렀다. 권사님이 전도하러 나온 우리를 보시더니 환한 얼굴로 웃으며 반겼다. “목사님, 사모님, 어서 오세요. 이 무더운 날씨에 고생이 많으셔요.”라고 하였다. 아내가 “권사님을 뵈니까 너무 기뻐요”라고 하자 권사님은 "여기 시원한 데 와서 앉으세요"라고 하였다. 앉아서 땀을 닦으며, 권사님과 마주 보고 대화를 나누었다.

약 10분 정도 대화를 나누고 있을 때였다. 권사님 집의 대문이 열리더니 막내 따님이 쟁반 위에 시원한 보리차 세 잔을 들고 나오는 것이었다. 그 모습을 보는데 교회에서 전도 나오기 직전에 "이곳에서 3년이나 복음을 전했는데 마을 사람들이 냉수 한 그릇도 주지 않네"라고 속으로 한 말이 생각났다(마 12:25). 하나님께서 내 마음의 생각을 아시고 이렇게까지 은혜를 베풀어주심에 감격했다. 그동안 마을에서 복음을 위하여 수고한 것을 다 보고 계셨다는 사실에 큰 위로가 되었다(마 10:42). 그리고 우리에게 냉수 한 그릇을 준 것으로 상을 받게 될 막내 따님에게 감사했다. 감격스러워서 물을 놓고 하나님께 간절히 감사기도를 드렸다. 그리고 물을 가져온 막내 따님과 그 가정을 축복해주었다.

전도를 마치고 돌아올 때 아내에게 우리가 어떻게 권사님의 막내 따님이 가져온 물을 마시게 되었는지에 대해서 말했더니 놀라워했다. 그리고 "하나님은 정말 우리 입술의 말뿐 아니라 마음의 생각조차도 다 아십니다"라고 고백하였다.

Chapter 39

천국과 지옥의 갈림목

버스 안에서 전도하다

주님을 만나고 난 후, 얼마 안 된 시기에 있었던 일이다. 버스를 타고 뒷좌석에 앉았다. 나를 구원하신 주님의 은혜에 대한 감사가 올라왔다. 아주 작은 목소리로 찬송을 드렸다. 고개를 들어 버스 안에 있는 많은 사람을 바라보았다. "이 사람들 모두 예수 믿고 천국 가야 하는데"하는 안타까움이 올라왔다. 눈물이 났다. "나도 전도해야지. 나도 예수 믿지 않는 영혼들을 예수님께로 인도해야지" 하는 결심을 했다. 그래서 예수님을 믿지 않는 사람들에게 빚진 자의 마음으로 전도를 시작했다(딤후4:2).

결혼 직후, 시흥시 시화에서 안산으로 출근했다. 전도할 시간을 따로 내기 어려워서 버스 안에서 전도한 것이다. 전도지를 승객들에게 일일이 나누어주고 예수님을 통해 나타난 아버지 하나님의 사랑을 전했다.

어느 날은 버스 안에서 승객들에게 전도지를 나누어주고 복음을 전한 후 맨 뒤 좌석에 앉았다. 옆에 있는 남성이 신문을 보고 있었다. 말을 걸었다.

"실례합니다. 혹시 예수 믿으세요?"

믿지 않는다고 하였다.

"혹시 전에 교회에 다녀보신 적은 있으신가요?"

없다고 하였다. 그래서 예수님에 대해서, 십자가와 부활에 대해서, 하나님의 능력에 대해서 전했다. 그리고 기도해드리고 싶은데 명함 한 장 받을 수 있냐고 하니 명함을 꺼내 주었다.

새벽에 기도할 때, 그 남성의 이름을 불러가며 기도했다. 나중에 알게 되었는데 명함을 준 사람은 우리와 같은 아파트, 같은 동에 살고 있었다. 친근감을 느꼈다. 교회 차원에서 그 남자의 아내에게 복음을 전했다. 얼마 지나지 않아서 그와 그의 아내가 예수님을 영접했다. 그리고 내가 다니는 교회에 등록해서 집사님이 되었다.

택시 안에서 전도하다

또 한번은 시흥에서 서울에 계신 부모님을 찾아뵐 때였다. 잠실역에 내려서 버스나 택시를 타고 들어가야 했다. 그때는 지금처럼 마천동까지 전철이 들어가지 않았다. 그리고 택시 요금도 지금처럼 비싸지 않았다. 두 아이도 있고 짐도 있어서 택시를 타기로 했다.

택시 타기 전에 아내에게 "내가 앞 좌석에 타서 기사분에게 복음을 전할테니, 당신은 뒤에서 아이들과 함께 중보기도 해주세요"라고 했더니 알았다고 하였다.

택시를 탔다. 잠실역에서 부모님 댁까지 25분 정도면 도착하기에 시간이 많지 않았다. 타자마자 곧바로 복음을 전했다. "기사님, 혹시 예수님 믿으세요?"라고 했더니 몇 번 교회에 갔었는데 지금은 다니지 않는다고 하였다. "그러시군요~"라고 하면서 말씀을 전했다.

"태초에 하나님이 천지를 창조하시니라"(창1:1)의 말씀으로부터 시작하여 사복음서의 예수님에 관한 내용을 전했다. 복음을 전하면서 다른 때와 달리 말씀이 너무 잘 풀어진다는 느낌을 받았다. 막힘이 없기도 하지만 전하는 내게도 은혜와 감동이 있었다. 다른 택시 기사분들 같으면 싫은 내색을 할 터인데 그렇지 않았다. 한 마디 말대꾸도 하지 않고 운전을 하며 말씀을 듣고 있었다.

그사이 택시는 목적지에 도착했다. 짧은 시간이었지만 내가 전하고자 하는 복음의 메시지는 다 전했다. 차에서 내리기 전에 기사님을 위해 꼭 기도해주고 싶었다. 그래서 "기사님, 제가 기도해드리고 싶은데 괜찮겠습니까?"라고 했더니 그러라고 했다. 내 두 손을 기사님의 손에 살며시 올려놓고 기사님을 위해 간절한 마음으로 기도했다. 영접 기도까지 했다. "예수님의 이름으로 기도합니다. 아멘!"하니까 기사님도 나지막한 목소리로 "아멘!"하였다.

기쁨으로 눈을 뜨고 기사님의 얼굴을 보는데 기사님의 두 눈에서 눈물이 흘러내리고 있었다. 전혀 생각하지 못한 상황이 발생해서 놀랐다. 두 번씩이나 고맙다고 하였다. 성령님께서 기사님의 마음을 만져주시고 주님께로 인도하셨다는 생각이 들었다. 차에서 내리며 인사를 드리는데 고개를 들지 못하시고 계속 울면서 감사하다고 하였다. 오히려 우리가 어쩔 줄을 몰라 "감사합니다, 감사합니다~"하고 헤어졌다. 부모님 집에 도착할 때까지 한 영혼을 주님께로 인도한 기쁨으로 인해 마치 구름 위를 걷는 것 같은 기분이었다.

죄악으로 인한 땅의 피폐함

전도할 때 영혼들이 주님께로 돌아오는 것을 경험할 때도 있지만 안타깝게도 그렇지 못한 경우가 더 많다. 하나님께서는 모든 사람이 구원을 얻기를 바라시지만(딤전2:4), 예수님을 영접하여 구원을 얻는 사람들은 심히 적다(살후3:2).

계수동에 사는 대부분 남자는 술을 즐겼으며 그 중의 다수는 중독에 걸려 있었다. 술로 인해 세상을 떠난 사람들이 여럿 있었다. 하도 많이 들어서 누가 술로 인해 세상을 떠났다고 말하면 그다지 놀랄 일이 아니었다. 그저 불쌍한 마음뿐이었다.

우리가 계수동에 들어갔을 때 처음으로 전도지를 들고 간 곳이 '현대슈퍼'였다. 남자 주인이 가게를 보고 있었다. 교회를 소개하고 주보를 건네며 "예수님 믿으세요"라고 했더니 말하기도 싫다는 투였다. 그래도 짧게나마 복음을 전했다. 그 이후로도 간간이 찾아가서 불교 신자인 아저씨와 아주머니 그리고 따님에게 예수님을 전해주었다. 하지만 지속적으로 강하게 거부했다.

어느 날 전도지를 들고 슈퍼를 찾았다. 그날따라 주인아저씨가 힘이 없어 보였다. 얼굴을 자세히 보니 짙은 황달이 있었다. “어디 아프세요?”라고 물으니 간암 말기 판정을 받았다고 하였다. 배를 보니 복수가 차서 많이 불러있는 상태였다. 안쓰럽고 안타까운 마음에 다시 복음을 전했다. 하지만 들으려고 하지 않았다. 나오면서 걱정이 많이 되었다. 얼마 지나지 않아 돌아가셨다는 소식을 들었다. 안타깝고 마음 아픈 일이었지만 어쩔 수 없었다.

마을에는 극단적인 선택을 하는 사람들도 종종 있었다. 어느 날 갑자기 차가 없다든지 또 이사 가는 것도 아닌데 집안의 가재도구를 모두 꺼내놓고 수리를 한다든지 하면 그런 일이 생긴 것이다. 충격적이고 가슴 아픈 일이었다. 마을 사람들 이야기를 들어보니 하나교회가 계수동에 들어온 이후로는 그나마 덜한 것이었다. 전에는 한 집 걸러 두 집 걸러 도저히 입 밖으로 꺼내놓을 수 없는 사건, 사고가 많이 있었다고 하였다.

감사하게도 교회가 들어온 이후로는 이전에 흉칙한 사건이 한 건도 일어나지 않았다. 일어날 뻔했지만, 주님께서 막아주셨다. 주 예수님을 찬양합니다. 아멘.

마을에는 극빈자들, 앞을 보지 못하는 소경, 한쪽 다리를 잃은 사람, 혈액암에 걸린 사람, 폐병으로 고생하는 사람, 정상인의 지능에 못 미치는 자, 화상을 입은 자, 남자 무당과 여자 무당 등등의 사람들이 살고 있었다. 이 중에는 주님께로 돌아온 사람도 있지만, 끝까지 복음을 받아들이지 않은 사람들이 많이 있었다.

마지막 기회마저 놓친 사람

부부가 무당이었던 집이 있었다. 아들 둘이 있는데 간혹 친구들과 함께 하나교회에 왔다. 한 아이의 이름은 영철이었다. 집 주소를 받아서 방문했더니 부모님이 자신들은 무당이라고 하였다. 하지만 아이들이 교회에 나가는 것은 반대하지 않는다고 하였다. 아이들도 아이들이지만, 그 부부가 무당의 일을 그만두고 예수님 믿기를 간절히 바라면서 여러 차례 복음을 전했다. 하지만 거부했다. 우리에게 다시는 오지 말라고까지 했다.

그러던 어느 주일 오후였다. 아내와 함께 마을에 전도를 나갔다. 정원연립 노인정에 사람들이 모여 있었다. 내려진 창문 발 너머로 뭔가를 하고 있었다. 고스톱을 치고 있는 것 같았다. 들어가서 전도지를 주고 복음을 전할까 하다가 따가운 시선과 싫은 소리를 들을 것 같아서 그냥 지나치려고 했다. 그런데 아내가 "목사님, 오늘은 복음을 전해주어야 할 것 같아요. 강하게 전하셔야 할 것 같아요"라고 하였다.

그 말을 들으니 꼭 그렇게 해야 할 것 같았다. 마음을 굳게 먹고 창문 발을 위로 제치고 몸을 안쪽으로 기울였다. 화투판을 중심으로 여러 명이 둘러앉아 있었다. 그중에 한 사람이 무당인 영철이 아빠였다. 사람들에게 인사를 한 후에 좀 큰 소리로 복음을 전했다. 아무도 반응이 없었다. 내 말에 아랑곳하지 않고 화투를 쳤다. 그래도 계속 말씀을 전했다.

"예수 그리스도를 믿으면 천국 갑니다! 믿지 않으면 지옥으로 떨어집니다!"라고 외쳤다. 참다 참다 못 듣겠는지 영철이 아빠가 내게 버럭 화를 냈다. 두 번 다시 자기 앞에서 예수 이야기 꺼내면 가만두지 않겠다고 하며 거세게 대적하였다. 그래도 영철이 아빠와 그 안에 있는 사람들에게 "꼭 예수님을 믿어야 합니다"라고 힘주어 말하고 돌아서 나왔다.

마치 치열한 전쟁터 한복판에 들어갔다가 나온 기분이었다. 아내가 수고했다고 말해주었다. 다른 때와는 달리 아내의 말이 큰 위로와 힘이 되었다. 아내에게 우리는 저분들에게 해야 할 도리를 다했으므로(행 18:5-6) 나머지는 주님께 맡겨야 할 것 같다고 하였다.

그 이후, 한 달 정도의 시간이 지났다. 주일 오후 나 혼자 전도지를 나눠주려고 전도 대상자들에게 갔다. 손에 두 장의 전도지가 남아있었다. 망설이다가 영철이네 집에 갔다. 대문에 전도지 만을 붙여놓고 나올까 하다가 용기를 내어 문을 두들겼다. 금방 문이 열리더니 아래, 위로 검은 옷을 입고 얼굴이 부어있는 채로 영철이 엄마가 나왔다. 나를 보더니 "지금은 아무 말도 하고 싶지 않으니 돌아가 주세요"라고 하였다. "무슨 일이 있으세요?"라고 물으니 "남편이 세상을 떠났어요"라고 하였다. 놀라서 "어쩌다가요?"라고 하니 "갑자기 배가 아파서 병원에 갔는데 대장암 말기로 수술도 할 수 없는 상태였어요. 입원한 지 15일 만에 세상을 떠났어요."라고 하였다.

남편을 잃고 울어서 부은 얼굴이 안쓰러웠다. "많이 힘드시겠지만 힘내세요"라고 하고 문을 닫았다.

일전에 현대슈퍼의 주인아저씨가 간암으로 세상을 떠났을 때도 아내 되는 분에게 마음을 담아 "많이 힘드시겠지만 힘내시라"고 위로의 말을 전했다. 그런데 정말 그 말에 위로가 되어서 그다음부터는 운동도 하고 얼굴도 밝아지고 씩씩하게 살아가는 모습을 보았다.

다시 복음을 전하다

그 이후로 다시 정원연립 노인정에 혼자서 갔다. 그곳에 계신 어르신들과 봉사하시는 아주머니들이 나를 보더니 반갑게 "목사님, 어서 들어오세요"라고 하였다. 들어와서 차 한잔을 하라는 말이 너무 적극적이기에 들어갔다. 잠시 기도했다. 눈을 떠서 보니 오른편 앞에 영철이 엄마가 앉아 있었다. 그 사이 한 아주머니가 따뜻한 계피차를 내 앞에 내려놓으며 "목사님, 드세요"라고 하였다. 향도 맛도 좋았다.

내 앞에 앉아 있는 일곱 명의 얼굴을 찬찬히 바라보았다. 마음에 담대함과 확신이 올라왔다. 이전에 전했던 그 복음을 다시 전했다. 다른 분들의 얼굴을 보면서도 전했지만, 특별히 남편을 잃은 영철이 엄마를 주시하며 전했다.

전한 메시지의 핵심은 단순했다. "예수님 믿으면 천국 가고 믿지 않으면 지옥에 간다"는 것이었다. 그리고 지옥이 얼마나 무서운 곳인지에 대해서 실감할 수 있도록 몇 가지 예를 들어가며 전했다. 전하는 내용이 두려웠는지 묻지도 않았는데 영철이 엄마가 나를 향해 "우리 아이들은 교회 다니고 있어요"라고 하였다. 잘했다고 하면서 앞으로도 교회에 가야 한다고 했다. 그리고 영철이 엄마도 꼭 교회에 가서 예수님을 믿으셔야 한다고 했다. 그랬더니 들은 복음에 대한 반응은 없고 다만 이곳 계수동을 떠날 거라고 하였다.

다시 한번 강조하여 말했다.

"여러분, 천국과 지옥이 분명 있습니다! 이 땅에서 누구를 믿고 어떻게 살았느냐의 결과에 따라 천국에도 가고 지옥에도 떨어지는 것입니다. 그러니 여러분들 모두 예수님 잘 믿어서 꼭 천국에 가시길 바랍니다."

간곡히 권면했다. 그리고 마지막으로 여러분들을 위해서 기도 한번 해드리고 싶은데 괜찮겠느냐고 하니 두세 사람이

"예"하였다. 그분들의 영혼 구원을 위해서 간절히 기도하고 일어섰다. 문을 나서는데 이전과 다르게 큰 평안과 기쁨이 느껴졌다. 영철이 엄마와 영철이 그리고 동생 영진이 모두 천국에서 만나면 너무 좋겠다.

교회에 대한 피해의식 때문에 복음을 거부한 할아버지

복음은 들었지만 끝내 예수님을 받아들이지 않고 세상을 떠난 또 한 분이 있다. 장순조 할아버지이다. 60년 가까이 이 마을에 사셨던 분이다. 늘 하는 말이 본인은 교회 때문에 인생을 다 망쳤다고 하였다. 할아버지는 박태선의 천부교를 기독교의 교회와 같은 걸로 여겼다. 신앙촌에 와서 부모님이 물려주신 수만 평의 땅과 많은 재산을 다 빼앗기고 처와 자식들도 다 잃었다고 하였다. 그것에 한이 맺혀 바른 복음조차도 받아들이려 하지 않았다.

그래도 꾸준히 복음을 전했다. 때로는 필요할 같은 물품을 사서 드렸는데 부담이 되었는지 불편해하였다. 하지만 본인의 살아온 삶을 들어주는 것은 대단히 좋아하였다. 두 번 정도에 걸쳐 긴 시간 동안 얘기를 들어주었다. 그리고 복음을 전해주었다. 하지만 자신을 향한 하나님의 뜻을 밀어냈다.

그러던 어느 날이었다. 전도를 나갔다. 그날따라 할아버지의 영혼을 향한 간절한 마음이 있어서 제일 먼저 할아버지 집에 문을 두드렸다. 안 계셨다. "꼭 만나서 다시 복음을 전해드려야 하는데...” 하며 할아버지를 열심히 찾았다. 찾으면서 전도를 이어갔다. 동네 철물점에서 할아버지를 만났다. 반가웠다. 철물점 주인과 화투를 치고 있었다. 두 분에게 다가가서 전도지를 건네며 하나님의 말씀을 전했다. 장순조 할아버지에 대한 마음이 더욱 간절했다. 하지만 두 분 모두 부드러운 어조로 이전과 같이 예수님을 거부하였다. 약간의 침묵이 흘렀다. 할 말이 없었다. 자리에서 일어서며 다시 한번 더 “어르신들, 꼭 예수님 믿으셔서 천국 가시기를 바랍니다”하고 돌아서서 나왔다. 그리고 나는 계속 전도를 이어갔다.

그날이 장순조 할아버지를 마지막으로 뵌 날이었다. 할아버지는 평소에 자전거 타는 것을 좋아하였다. 단거리와 장거리를 모두 자전거를 타고 다녔다. 나중에는 페달 자전거를 전동 자전거로 바꿨다. 어느 날 바람을 쐬려 자전거를 타고 계수동 굴다리에서 시흥 방향으로 가다가 옆에서 오는 대형 트럭에 치여 교통사고로 세상을 떠났다.

안타깝고 슬펐다. 이런 일이 있을 때마다 전도자로서 마음이 어렵다. “그때 만약 이렇게 했더라면 저렇게 했더라면 좀 더 강하게 밀어부쳤더라면...” 등등의 자책감으로 인해 한동안 힘든 시간을 보내기도 한다.

Chapter 40

다윗과 요나단

어느 주일 낮 김선주 집사님과 정근석 형제, 요한이 엄마와 요한이가 하나교회를 방문했다. 아들이 방언을 받고 싶기도 하고 얼굴에 아토피가 심해서 고침을 받고자 온 것이다. 하나교회에 와서 방언 받기를 원하는 분들에게 먼저 진심으로 예수님을 영접했는지를 물어본다. 그래서 내가 근석 형제님에게 "형제님은 예수님을 언제 만났나요?"라고 물었다. 그랬더니 주님을 만난 사건을 이야기하였다. 특별히 어릴 적 친구 강준형이 자기의 영혼 구원을 위해 2년 넘게 섬겨준 일에 대해서 말했다.

"친구가 저를 '코스타 재팬'(COSTA JAPAN)에 데리고 갔어요. 첫째 날 집회에 가서 실망하여 나와버리자 친구가 제 손을 붙잡고 울면서 이렇게 말하더라고요. '너희 엄마나 우리 엄마나 사람(신앙촌 교주 박태선)을 하나님으로 섬기다가 이대로 죽으면 지옥 가는 게 뻔하다. 너도나도 마찬가지이다. 그러니 우리는 예수님을 믿어야 한다. 그러니 근석아, 내일 또 가자!'라고 하는 거예요. 친구의 그 간곡한 부탁을 거절할 수가 없어서 계속 갔어요. 그때 예수님을 만났어요."

형제의 말을 들으니 형제가 진짜 예수님을 만난 것이 확실하다고 여겨졌다. 형제는 순수했고 그 마음에 예수님을 사랑하는 열정이 넘쳤다. 서로의 대화 가운데 기쁨이 있었다.

형제가 방언을 할 수 있도록 아내와 함께 기도했다. 세 번을 기도했는데 방언이 터지지 않았다. 그래서 내가 하는 방언을 따라서 하라고 했다. 그렇게 하다가 내 방언 소리와는 다른 새로운 방언이 터졌다. 자기의 혀를 주체할 수 없을 정도로 크고 강하게 방언을 말했다. 한참을 하다가 멈추고 어떤 느낌이냐고 물어보았다. 하나님께서 자기에게 방언을 주셨다는 확신이 든다고 하였다. 그리고 뭔지는 모르겠지만 시원한 느낌이 든다며 기뻐했다. 형제가 너무 귀하게 여겨졌다. 계속 중보기도를 해 주어야겠다는 마음이 들었다. 그 이후 그토록 심했던 아토피도 깨끗하게 치유되었다.

집에 와서 있었던 일에 대해 일기를 쓰는 내내 친구를 향한 강준형의 순수함과 그 뜨거운 사랑이 마음에 와닿았다.

"진리를 위해서 우는 친구! 친구의 영혼 구원을 위해서 우는 친구! 친구를 위해 2년 넘게 한결같이 기도해주었던 친구!"

그 친구가 너무 멋있고 훌륭하게 여겨졌다. 그 사랑의 물결이 내게도 밀려오는 듯했다(요15:12-14). 다윗과 요나단 같은 두 친구를 생각하며 이렇게 기도하였다.

"주님, 하나님의 나라는 참으로 아름답습니다. 주님 안에 있는 형제들의 우정을 듣고 보게 하시니 감사합니다. 저도 강준형 형제처럼 친구를 사랑하는 참 하나님의 사람 되게 하옵소서!"

나가는 말

출(出)계수동

계수동 재개발 사업이 확정되어 10년 만에 나오게 되었다. 주님께서 빈민촌 계수동의 개발이 18년 동안이나 미뤄지게 하신 것은 그 안에 구원받아야 할 영혼들이 있었기 때문이다. 또한 그곳에서 목회하는 나와 아내를 비롯하여 하나교회와 계수동을 왕래했던 많은 사람에게 주님의 권능과 사랑을 베푸시고자 하심이었다.

드디어 계수동에서 나간다고 생각하니 설레고 좋았다. 그런데 어디로 가야 할지 고민이 되었다. 시흥에 관심이 있어서 두 곳을 알아보았다. 한 곳은 신도시 특성상 시의 규제와 재정적인 이유로 들어갈 수 없었다. 다른 곳은 교통이 불편하고 위험하기까지 했다. 그래서 시흥으로 가는 것을 내려놓았다.

그래서 결국 계수동에서 가까운 곳을 찾아보기로 했다. 거의 6개월 동안 알아보았다. 그래도 마땅한 곳을 찾기 어려웠다. 이주 날짜는 점점 다가왔다.

때마침 계수동 바로 옆 범박동에 교회 한 곳이 나왔다. 그런데 매매였다. 전세나 월세로 사용할 수 있도록 부탁을 했지만, 그 교회가 건축을 해야 하는 상황이라 매매 외에는 방법이 없다고 하였다. 매입금액이 우리 교회 재정 상태로는 감당하기가 너무나 큰 액수였기에 갈등이 컸다. 계약을 해야 할지, 말아야 할지를 놓고 고민이 깊었다. 이 사안을 놓고 아내와 함께 금식하며 기도했다. 그리고 매입하는 것으로 결정했다. 주일 낮 예배 때 성도님들에게 알린 후 2018년 12월 18일에 계약을 체결했다.

그때 우리 하나교회가 갖고 있던 재정은 보증금과 보상금을 합쳐도 얼마 되지 않았다. 그런데 교회를 매입하여 이전하기까지의 총비용이 만만치 않았다. 게다가 이전하기 직전에 남아있는 성도님 수는 세 가정뿐이었다. 그중 한 가정은 여집사님 홀로 출석했다. 성인 5명, 청소년 2명, 유아 2명으로 이전을 해야 하는 상황이었다. 성도님들은 큰 금액의 건축헌금을 할 만큼 생활 형편이 녹록하지 않았다.

남아있는 성도님들과 함께 마음을 같이 하여 기도했다. 순번을 따라 금식하며 기도했다. 청소년 남매도 금식하며 기도했다. 그리고 각자가 하나님 앞에 할 수 있는 것들에 대해 최선을 다했다. 주님께서 우리 하나교회를 사랑하는 형제자매님들을 통해 많은 재정을 그때그때 보내주셨다. 참으로 놀라운 주님의 손길이었다. 계수동에 있을 때보다 넓고 아름다운 예배당으로 이전을 했다.

이전 감사예배를 드린 후, 어느 날이었다. 집에서 교회로 오는 차 안에서 성령께서 이렇게 말씀하셨다.

"너희가 계수동에서 범박동으로 옮겨온 것은 참으로 놀라운 일이란다. 그 작고 초라한 곳에서 넓고 좋은 곳으로 그것도 예배당을 매입해서 이전하는 경우는 드물단다. 그런데 옮겨진 교회의 외형 그 자체보다 너희들에게 더 중요한 것이 있단다. 그것은 너희가 이전하는 과정에서 내가 너희에게 어떤 하나님이었는지를 알게 한 것이란다. 나는 너희에게 인자한 하나님이란다(시107:1)."

이 말씀을 듣는데 감동이 오고 눈물이 났다. 그래서 마음을 담아 주님께 신앙 고백을 올려드렸다.

"그렇습니다. 주님! 주님은 저희에게 인자하십니다. 선하십니다. 전능하신 하나님이십니다. 주님을 영원히 찬양하기 원합니다. 할렐루야. 아멘."

감사합니다.